THÉATRE
INTIME

Par HIC

———

TOME PREMIER

MARSEILLE
TYPOGRAPHIE ET LITHOGRAPHIE J. CAYER
Rue Saint-Ferréol, 57.
—
1887

THÉATRE INTIME

THÉATRE INTIME

Par HIC

~~~~~~

TOME PREMIER

MARSEILLE
TYPOGRAPHIE ET LITHOGRAPHIE J. CAYER
Rue Saint-Ferréol, 57.

1887

PRÉFACE

Hic !.. Pourquoi et comment ce pronom latin, qui signifie *Celui-ci*, a-t-il été choisi par l'auteur du *Théâtre intime* pour signer son œuvre ? *H* et *I* sont les premières lettres de son prénom. *C* est l'initiale de son nom propre.

Enlever le point entre *HI* et *C*, donnait un pseudonyme court, vif, original. Hic n'a pas manqué de le prendre : cela s'est fait sans recherche ni prétention aucune, comme du reste s'est écoulée sa vie de labeur, de réserve et d'épargne, comparable pour l'honneur à une ligne droite.

Le travail a dominé toute cette existence sans tapage. Hic appartient, par le côté paternel, à la bourgeoisie du Comtat; par le côté maternel, à la noblesse alpine, descendue en notre ville. Son père, afin de sauver le sien, noté comme *suspect*, s'enrôla à l'âge de seize ans dans l'armée de la République, dévoûment qui ne fut point rare et fournit à la France ses plus intrépides défenseurs.

Officier, il démissionna en 1819. Rendu à la vie civile, et marié, il prit un intérêt dans une grande papeterie pour laquelle il voyagea. Dès sa vingtième année, le jeune Hic suppléa, puis remplaça son père dans ses courses fatigantes, à l'époque des diligences et des patraches desservant les petites localités qu'il fallait visiter.

Plus tard, il établit à Marseille, où résidaient ses parents, une maison pour le commerce des papiers, et, grâce à une activité soutenue, à un ordre sévère, il conquit l'aisance. Aujourd'hui, retiré des affaires, il est des plus considérés de son quartier. Je m'honore de son amitié; ce sentiment mutuel, fraternité d'élection, qui existe chez nous depuis quarante années, n'a jusqu'ici été traversé d'aucun nuage.

Une pareille déclaration va me faire accuser de complaisance admirative en cette préface, il n'en sera rien. Durant toute notre vie, nous avons été sincères l'un vis-à-vis de l'autre; pourquoi ne le serais-je pas ici?... Mon ami n'attache pas plus d'importance qu'il ne convient aux feuilles modestes qu'il a produites, elles ne sont pas destinées à être vendues, mais offertes en don à des amis. Si elles lui sont chères, c'est qu'il a trouvé en elles un refuge, un palliatif.

On voit, dans le tome premier du *Dictionnaire des Théâtres de Paris*, 1756, à l'article de M. Procope Couteaux, docteur en médecine de la Faculté de Paris, venu à Londres en 1719, et y faisant représenter une comédie, devant Sa Majesté, à Hay-Market :

« Ce qui donna lieu à la composition de cette
« pièce mérite d'être cité (c'est M. Procope
« Couteaux qui parle). Je n'ai jamais beaucoup
« ambitionné le titre d'auteur ; j'ai composé cette
« pièce en qualité de médecin, dans la seule vue
« de me guérir d'une maladie très dangereuse
« dont j'étais attaqué.

« Il y a trois mois que je tombai dans une
« vapeur hypocondriaque, qu'on appelle ici le
« *spleen*. Triste mélancolie sans sujet. Je passais
« la nuit sans dormir et, par conséquent, je m'en-
« nuyais fort ; les heures me paraissaient des
« siècles. Personne n'aime à être dans cet état, et
« moi, moins que personne. Je cherchais donc les
« moyens de m'en tirer ; sachant que *contraria*
« *contrariis curantur*, je crus ne devoir m'oc-
« cuper que de ce qui était capable de me réjouir.

« Pour cet effet, j'allai régulièrement à la comédie.

« Un soir, j'en revins l'esprit plein d'une pièce
« qui m'avait fort diverti ; j'y rêvai assez long-
« temps ; une idée en fait naître une autre, mon
« imagination s'échauffa, le sujet d'*Arlequin*
« *Balourd* se présenta à moi. Ce sujet me plut,
« m'amusa et me réjouit ; la nuit me parut courte,
« et sur le matin je m'endormis, je rêvai agréable-
« ment, qui plus est, ce qui ne m'était pas arrivé
« depuis longtemps. *A juvantibus et nocentibus*
« *sumitur indicatio*. Le lendemain je commençai
« à écrire et, insensiblement, au bout de dix jours,
« la comédie fut achevée et ma maladie détruite.
« Je désire que le remède puisse produire le
« même effet sur tous les spleenatiques. »

(Préface d'*Arlequin Balourd*.)

La même cause a fait se développer le goût littéraire de Hic. Dans l'adolescence, une maladie d'yeux, qui dura plusieurs années, l'obligea d'abandonner ses études classiques. A la jeunesse, soit que la médication ait été trop énergique, soit violence du mal, il éprouva des palpitations si fortes, qu'il dut renoncer à tout travail d'esprit, repos qui le porta vers la méditation. A cette époque, il fut condamné par les médecins ; ces messieurs se trompent quelquefois heureusement.

L'affection cardiaque ne l'a point quitté ; cependant, combattue par l'hygiène, elle a laissé vivre

sa victime. Obligé de s'observer, le jeune homme prit du goût pour les lettres, lut avec fruit ; puis, obéissant aux influences d'esprit de son milieu, il s'essaya dans la chanson.

Après Juillet 1830, Béranger avait dit : « On vient de détrôner Charles X et la chanson. » Quoique blessée à mort par sa victoire, la chanson, privée de son importance, avait conservé des fidèles, et faisait encore des prosélytes. On répétait autour de la table, dans les réunions d'amis, aux fêtes de la famille, des couplets de circonstance avec les joyeux refrains. La verve de Désaugiers pétillait au dessert comme le champagne versé à la ronde. Pierre Dupont emplissait l'atelier de ses refrains sonores et de sa mélodie originale. L'esprit voltairien, le sentiment patriotique et l'entraînement guerrier, au moins en paroles, de la classe moyenne, avaient conservé le culte au talent de Béranger.

Les compositions de ce poète réfléchi jouissaient alors d'une faveur méritée. Malgré un peu de sécheresse, inconvénient de toute versification nette, arrêtée, et qui dit quelque chose, malgré une certaine absence d'imprévu et d'abandon, nul en ce siècle n'est plus résistant, plus inventif, n'a plus fait corps avec la masse, n'a été plus pénétré du sentiment public, n'a été plus national.

Je n'ignore point que Béranger est aujourd'hui

volontiers délaissé, pour ne pas dire honni ; c'est le sort des écrivains qui se mêlent de trop près aux luttes politiques, ils passent comme l'effet de la victoire à laquelle ils ont aidé.

Hic ne publie point ici les chansons faites par lui dans sa jeunesse, précisément parce qu'elles ont un caractère politique, toujours un peu vieillot à distance, d'autres lui ont paru trop intimes. Absorbé par les soins à donner à son commerce, il abandonna ce passe-temps ; c'est alors qu'il écrit *la Dernière Chanson d'un Marchand de Papiers :*

> Tu reviendras, laisse-moi cet espoir,
> Quand du repos pour moi sonnera l'heure ;
> Adieu, ma lyre, ou plutôt au revoir !

C'était bien se connaître!... Le divorce n'est jamais fort sérieux entre le poète et la muse.

Ce n'est ni la grandeur de l'un, ni le retentissement de l'autre qui font la solidité de leur inéluctable union.

On retrouve dans les chansons de Hic quelque chose du charme solide, de la philosophie facile de Béranger :

> Dans ton alcôve une lumière brille,
> Près de ton lit est un coffre de bois ;
> Pour t'y placer, tout de blanc on t'habille,
> Et dans tes mains j'ai vu mettre une croix.
> Quatre hommes noirs attendent à la porte ;

A leur aspect a frissonné mon corps !...
Mère, ils sont là, réclamant une morte,
Serait-ce toi ?... Mais non, puisque tu dors.

REFRAIN.

Pour ta fille qui t'est si chère,
Rouvre tes yeux, ouvre tes bras ;
Pourquoi donc aujourd'hui, ma mère,
Pourquoi ne m'embrasses-tu pas ?

(*L'Enfant de l'Amour*, 2me couplet.)

La peinture est sobre et complète. Dans *le Curé de Saint-Amour*, la note grave, pour ainsi dire, du chansonnier des *Gueux* et du *Dieu des bonnes gens* retentit non sans bonheur :

(*Dernier couplet.*)

Oui, par la main nous tenant tous,
C'est en vain que le mal conspire ;
Tout seul, on fléchit sous ses coups,
Ensemble, on détruit son empire.
Continuons de nous aider,
Le travail procure l'aisance ;
Car travailler c'est posséder ;
Dieu bénira notre alliance.

REFRAIN.

Pour que nul ne tombe en chemin,
Frères, tenons-nous par la main.

Très souvent c'est la gaîté qui fait explosion dans la chanson de Hic, et les couplets de ses vaudevilles, de ses opérettes, lancent maintes pointes fines. Les compositeurs qui ont collaboré avec lui, M. de Croze et M. Hugh Cas, reconnaissent à ses vers un mérite possédé au plus haut degré par Scribe, ce vaillant, ce fécond, cet aimable et gracieux parolier ; ils ont la propriété de fournir une facile et heureuse adaptation à la musique.

Les vingt pièces contenues dans les trois présents volumes du *Théâtre intime* appartiennent au genre gai : comédie, vaudeville, opérette, opéra-comique. La muse de Hic fuit les pleurs trop amers, a horreur du sang, et préfère au cothurne, qui grandit, le provocant brodequin, qui émoustille. Elle choisit, pour ses vêtements, de claires couleurs, laissant à l'élégie « les longs habits de deuil » dont parle Boileau. N'allez pas croire que l'auteur manque de sensibilité, *l'Étoile du Bonheur, la Chute des Feuilles*, surtout *la Salle des Ventes*, sont imprégnées d'une douce, d'une exquise émotion ; mais ce que Hic affectionne, c'est le rire, un peu familier, je vous l'accorde, mais le rire franc et honnête. Le rire de notre vieux théâtre, sans mièvrerie, mais sans perfidie, gaulois et ferme, malicieux, non pas agressif.

Chose à remarquer, il n'y a pas un seul méchant dans le petit monde créé par le digne Hic, tout au plus un ou deux jeunes débauchés, jouisseurs, dans *l'Amant de ma Maîtresse* et dans *un Gendre inacceptable*, quand l'écrivain veut bafouer le proxénétisme de notre époque ayant rejeté le respect, mais encore le mépris.

Plusieurs pièces de Hic ont subi l'épreuve de la rampe, non sans succès. Elles ont en général du naturel et de l'observation ; c'est peut-être la reproduction d'une nature qui ne monte pas dans les hautes régions de l'art, mais c'est le rendu fidèle d'un monde modeste, gai, sensible, avec une pointe de philosophie tranquille. Le procédé est simple, sans prétention ; l'auteur laisse volontairement de côté les enjolivures du style et les cascades d'esprit forcé. Parmi les vaudevilles-bouffes expédiés de Paris, il en est peu qui surpassent en gaîté sans effort celui que l'auteur marseillais intitule *un Colosse de la Foire,* pièce plusieurs fois reprise. Voici comment j'en rendais compte dans la *Gazette du Midi* du 1ᵉʳ mars 1874 :

« *Un Colosse de la Foire,* folie-vaudeville en un acte, a obtenu un succès de bon rire et de franche gaîté.

« La pièce toute locale est d'un Marseillais, qui aime et étudie le théâtre avec passion. Il signe habituellement *Hic* ses pièces légères, et compte, ainsi que nous l'avons dit précédemment, plusieurs succès.

« Cette fois, la donnée est fort simple : c'est un mérite. Sur le champ de foire, à la plaine Saint-Michel, un pauvre saltimbanque se prépare à la

parade avec son pitre. Quoique la misère soit
gaîment supportée, le charlatan se plaint de la
concurrence; en outre, sa fille, le colosse, maigrit.
Est-ce la cherté des vivres, est-ce l'amour qui
cause l'amaigrissement du *phénomène* et celui des
recettes? Le pitre opine pour le dernier motif : il
a vu rôder autour de la baraque un petit crevé ;
celui-ci ne tarde point à paraître; c'est un Anglais,
lord Cliket, qui, errant de foire en foire, pour
chercher une robuste et solide épouse, arrête son
choix définitif sur la jeune Laure. Les nobles
Cliket, épousant toujours des ladies fluettes, ont
fini par devenir aussi petits que M. Thiers, mais ils
restent moins gros que ce perroquet démolisseur.
Le jeune Cliket a promis au vieux Cliket expirant
d'épouser une femme capable de redonner à leur
race des proportions gigantesques ; les Cliket de
l'avenir pourront endosser les pesantes armures
conservées dans l'antique manoir. Voilà pourquoi le mièvre étranger recherche Laure.

« De cette donnée naissent des scènes fort
réjouissantes. Lord Cliket est sur le point de se
laisser arracher une dent saine, afin de sauver la
réputation de Laure. Il a un duel heureux avec
le vieux saltimbanque. Enfin tout s'arrange :
l'Anglais épouse son colosse et prend son beau-
père pour tenir sa correspondance en langue
française ; Pépito, le pitre, lui lira, chaque jour,

les discours des hommes politiques. Il y a dans ce petit acte de très jolis passages, celui de la représentation avec un joyeux public, celui où Cliket raconte son odyssée. Un détail tout local : vers la fin, on entend un crieur du *Petit Marseillais* annonçant le colossal mariage. — « Mais la chose n'est pas faite, dit naïvement le pitre. — Ce était moa qui avais payé l'annonce, répond Cliket. »

Des couplets vifs, remplis d'entrain, de prestes rondeaux animent cette pièce, comme du reste la plupart de celles où l'auteur a mis du chant. Je fais, en passant, remarquer que l'esprit et la rondeur dans le couplet se perdent chaque jour davantage.

L'adage latin, « châtier en riant », est suivi par Hic, qui sait flageller et mordre au besoin, qualité que les anciens appelaient une force, *vis-comica*. Dans *le Gendre inacceptable*, il raille la superstition au magnétisme : une mèche de cheveux révélatrice coupée sur une tête d'homme, de prétendu, appartient à un faux-toupet fourni par une chevelure féminine.

L'Amant de ma Maîtresse montre la sottise de l'homme mûr ramassant une femme flétrie, et croyant avoir arraché un diamant au ruisseau. L'homme déchu se relève quelquefois, la femme déchue jamais. Ici cette boue cherche une autre boue, c'est-à-dire qu'elle se fait l'esclave d'un misérable déclassé qui l'exploite. *La Salle des Ventes* est un large coup-d'œil jeté sur ce capharnaüm, sur ce *Ghetto*, sur cette caverne où vont tomber les épaves du mobilier apportées là par la misère ou par la mort. Ces restes sont livrés sans protection, d'autres disent avec complaisance, à la rapacité d'une bande de corbeaux sordides qui hante ce lieu de désolation et d'écœurement, où tout pue, surtout l'âme humaine !...

Le lever de rideau, intitulé : *Le Jour de la Saint-Michel* (le jour fixé pour les déménagements à Marseille) est un gentil coin du tableau bizarre que présente une population de quatre cent mille habitants, se remuant, charriant, se bousculant, le même jour. O coutume d'un âge qui n'est plus, anomalie ridicule et onéreuse, habitude arriérée sans bon sens, tenace et respectée par cela même, quel est l'Hercule qui te terrassera?... Pourquoi ne possédons-nous pas, comme les autres grandes villes de France, quatre *termes* par an? Cela mettrait un peu d'ordre dans le désordre inexprimable qui envahit la plupart de nos ménages au jour abhorré. On perd, on casse, on brise, dans la pièce de Hic, cela va sans dire, et la superstition populaire qui baptise ces bris, trop nombreux, du nom consolant de *mariages*, a gain de cause cette fois ; sur la scène française, toute pièce ne doit-elle pas se terminer par un mariage ? C'est aussi par un mariage que se termine *Refusé au Salon*, la dernière pièce produite, d'une gaîté de bon aloi avec des regains de jeunesse et le charme de l'ancien esprit français.

L'auteur du *Théâtre Intime* a rangé ses pièces selon l'ordre de date, ce qui permet de suivre aisément les transformations de la manière.

Pour la forme et pour le fond, cette manière a sûrement varié avec les événements, les incidents de la vie, l'âge.

Ceux qui font métier de produire la phrase sont moins accessibles à ces influences, moins traversés par les impressions venant du dehors, parce qu'ils se sont cloisonnés ; ils poursuivent le filon rencontré, ils s'y cantonnent et oublient l'homme pour le fabricateur. Il est évident que Hic, dans la mesure de ses facultés, de sa surface, vibre aux impressions qui l'entourent, son théâtre modeste n'est que le résultat de ses sensations en ce genre.

Jeune, il a fréquenté les scènes de théâtres-chantants ; ses pièces d'alors ont été faites le plus souvent pour telle chanteuse, pour tel acteur ; par exemple, *Ce que femme veut*, pour Mme Poncer, qui jouait à ravir le rôle de Mme Troufichard; pour Mme Hurel, dans le rôle de Mme Poulichon, d'*Une fois n'est pas coutume*. **Le nez de M. Blondel**, pour l'acteur de ce nom, qui se permet un *pif* au-dessus de sa condition sociale, un nez de haut luxe ; du reste, artiste à qui était réservé un brillant avenir, s'il eût continué sa carrière, et qui eût pu succéder à Hyacinthe, à Alcide Tousez.

Plus tard, revenu de ses enivrements de la rampe, écœuré par les malsaines odeurs qui émanent du monde du cabotinage, il n'a plus recherché que l'inspiration indépendante, dégagée des facteurs transitoires, éphémères.

Plus haut placé pour observer, plus libre pour rendre sa pensée, sa force s'est accrue, son cadre élargi. Il s'est aussi défait de quelques hors-d'œuvre du raisonnement, et de bien des broussailles qui retardaient sa marche. Ses sujets ont été choisis avec plus de goût, plus de portée ; l'œuvre y a gagné, la langue aussi : cette dernière est devenue plus pure, plus nette et plus ferme. D'après ce progrès, on peut augurer mieux encore ; car ces trois volumes ne seront pas les derniers que l'auteur offrira à ses amis. Tels qu'ils sont, par leur entente du théâtre, par leur allure sans prétention, leur bonne humeur et leur peinture de nos mœurs, ils valent tout ce qu'on a essayé sur la scène locale.

Ce dernier mot me rappelle la caractéristique du genre de Hic : il est tout local. Ce n'est point sur l'étiquette de ses pièces, c'est dans leur sang, dans leur action, leurs personnages, les passions, le rire, le but même, que s'épanouit cette saveur du crû, si je puis ainsi dire. S'il écrit au-dessous de la distribution des rôles : « *La scène est à Paris* », n'en croyez rien, tout se passe au pays du mistral. Les gens qu'il vous montre vous ont coudoyé le matin même sur le trottoir de la Cannebière. L'auteur possède une jolie collection de pièces de théâtre; il y peut chercher les secrets du métier, mais il n'en imite aucune, cela serait impossible à sa nature pétrie du pur calcaire blanc de nos collines.

Alfred de Musset a écrit ce joli vers :

Mon verre n'est pas grand, mais je bois dans mon verre,

idée que j'ai retrouvée dans Théocrite :

Μοῦσαν δ'ὀθνείην οὔ ποτ' ἐφελκυσάμην
Je n'ai jamais rien dérobé à la muse d'autrui,

dit le Syracusain (*).

(*) Dans la belle édition donnée en 1833, par M. Firmin Didot, cet helléniste reproduit ainsi ce passage :

Les dépouilles d'autrui n'ont point orné ma muse.

La gêne qu'impose une traduction en vers a dû empêcher le traducteur de rendre le verbe ἐφελκυσάμην à son mode, à son temps, à sa personne, à son acception. Voici, du reste, comment il traduit cette *inscription*, qui, il le dit lui-même

Hic boit, pour sûr, dans son propre verre, mais je ne jurerais pas que celui-ci n'ait été fabriqué à Saint-Marcel.

Depuis trente années, il décrit, il chante, il dans *une Vie du poëte*, placée en tête du volume, était écrite devant *Les Idylles* (petits tableaux), en matière de préface :

ΕΙΣ ΤΗΝ ΕΑΥΤΟΥ ΒΙΒΛΟΝ

que M. Didot rend par : *De Théocrite sur lui-même*, en faisant abstraction du mot ΒΙΒΛΟΝ, livre ; ce qui se rapporte mal avec ce qu'il a dit en sa vie de Théocrite.

> Un autre Théocrite a fait des chants divers,
> moi je suis l'auteur de ces vers ;
> sa patrie est Chios, la mienne est Syracuse ;
> de la sage Philinne et de Praxagoras
> je suis né dans la foule en ses rangs les plus bas.
> les dépouilles d'autrui n'ont point orné ma muse.

Jamais un poëte ne s'est rabaissé ; M. Didot fait dire à celui-ci qu'il « est né dans les rangs les plus bas » (ce qui n'existe pas dans le texte), et à côté le Syracusain appelle Philinne περικλυτῆς, illustre, sans doute par sa famille, mot que M. Didot rend par *sage*. Dans la vie du poëte, le traducteur essaie, il est vrai, de dire qu' « elle a dû recevoir une éducation assez distinguée avant son mariage, ou que par son économie, sa sagesse, sa raison, elle a mérité ce titre. » Ce sont là des arguments de commentateurs.

Voici une traduction toute nue de cette inscription : « Il y a un autre Théocrite de Chios, moi qui ai écrit ces choses (*Les Idylles*), je suis né parmi les nombreux habitants de Syracuse, fils de Praxagoras et de l'illustre inclytæ Philinne, je n'ai jamais rien dérobé à la Muse d'autrui. »

exalte Marseille ; ce sujet l'entraîne. En une chanson, datée de 1859, il s'écrie :

>   Marseille, ton aspect magique
>   D'orgueil fait tressaillir mon cœur !...
>   L'envie, usant de la critique,
>   Parle de toi d'un air moqueur.
>   Laisse-la rire,
>   Malgré son dire,
> Tes vastes ports, ta mer aux flots d'azur,
>   Tes monts arides
>   Et tes bastides
> Où le grand pin touche ton ciel si pur,
>   Font de ton site une merveille,
>   Et celui qui franchit les mers
>   Dit en parcourant l'univers :
>   Rien n'égale Marseille.
>
>   On glose sur ta Cannebière,
>   Tes monuments, tes vieux quartiers,
>   Sur ton existence *épicière*,
>   Sur ton histoire sans lauriers.
>   Sur tes usages,
>   Qu'on dit sauvages,
> Sur ton accent rude et sur ton mistral,
>   Sur... mais silence,
>   C'est trop, je pense,
>   Calomnier un pays sans rival !...
>   Cachez le bout de votre oreille,
>   Détracteurs qui mangez son pain ;
>   Ah ! que deviendriez-vous, demain,
>   Si vous quittiez Marseille !...

Je ne partage pas tout à fait cet optimisme, mais je ne saurais le blâmer.

Dans notre ville, il est un quartier qui tient plus particulièrement au cœur de l'écrivain, c'est le sien : la Plaine. Il a intitulé l'une de ses pièces : *Deux rentiers de la Plaine.*

> Qu'il est heureux l'habitant de la Plaine !

s'écrie l'un des rentiers.

> Puis, s'asseyant à l'ombre des platanes,

ajoute l'autre, ils célèbrent à l'envi les paisibles beautés de leur Éden. Cependant l'auteur ne peut tolérer certains établissements qu'il regarde comme une profanation au quartier habité par lui depuis si longtemps. Un amer, un ironique reproche sort alors de la bouche d'un de ses personnages :

> Notre séjour est un lieu de délices
> Dont tout le monde est aujourd'hui jaloux ;
> Car nous avons des prisons, des hospices,
> Le cimetière et l'asile des fous.

Je vais expliquer Hic en deux mots : C'est un Marseillais de la Plaine !...

Une femme de beaucoup d'esprit et de sentiment, Madame Ancelot, a placé en tête de son roman de *Gabrielle,* les lignes suivantes : « Un livre est une lettre que l'auteur adresse aux amis inconnus qu'il a dans le monde. » La pensée est ingénieuse et délicate; est-elle exacte sans exception?... Hic fait tirer à un très petit nombre d'exemplaires son ouvrage; il envoie en hommage, en souvenir, à de vieilles connaissances, à des amis, « cette part de lui-même (*) » ; il n'y a point là d'*inconnus*, et cette destination privée justifie l'appellation de *Théâtre intime*.

Adolphe MEYER.

(*) « Nos livres sont une part de nous-mêmes, les os de nos os, la chair de notre chair. » (*Flesh of our flesh*).

Bulwer.

CE QUE FEMME VEUT

OPÉRETTE EN UN ACTE

Musique de J.-B. DE CROZE.

Représentée pour la première fois sur la scène du Casino de Marseille, le 28 mai 1861.

PERSONNAGES :

BARNABÉ TROUFICHARD, en robe de chambre. M. CLOSET
DÉSIRÉE TROUFICHARD, en peignoir sous
    lequel est un costume Pompadour....... Mme PONCER
UNE OUVRIÈRE............................... Mlle JEANNE

CE QUE FEMME VEUT

Un salon avec portes latérales et porte dans le fond. — Au deuxième plan, à gauche, un canapé, et, à droite, une cheminée ou un meuble sur lequel est une boîte de poudre de riz avec la houppe. — Un costume de pierrot dans la chambre à gauche.

SCÈNE PREMIÈRE

TROUFICHARD, *seul.*

(Il entre avec colère en tenant un papier. Il marche dans toute la largeur de la scène et gesticule avec animation.)

Maudit bal !.. Voilà encore une facture à payer !.. *(La montrant.)* 631 francs 85 centimes pour le costume de ma femme ! Vraiment, c'est à vous faire regretter le vêtement que notre première mère... ne portait pas avant la faute ! 631 francs 85 !... C'est trop chaud !... Celui d'Ève l'était beaucoup moins... Et si je me permets de demander un rabais à la fournisseuse, elle me répondra : *(La contrefaisant.)* Oh ! monsieur c'est impossible ! Tout a été coté au plus juste prix ; vous me déduiriez seulement 5 centimes que je perdrais... Parbleu ! elle perdrait 5 centimes sur ce qu'elle gagne de trop !... Dans tout cela, celui qui perd le plus, c'est moi. J'enrage !... Je ne sais réellement pas quelle est l'idée qui a poussé madame Dorlanchou à donner un bal! Les femmes ne pensent qu'à briller, fût-ce aux dépens de la bourse de leurs maris! Madame Dorlanchou nous ayant invités à sa soirée, ma femme a voulu un costume. *(Avec ironie.)* Les petits bourgeois prennent maintenant des habitudes de grands seigneurs... Et moi, triple animal, j'ai adhéré!... Elle m'avait bien dit: Barnabé, j'aurai pour ce bal une riche toilette, tu en jugeras toi-même et tu applaudiras à mon bon goût... *(Au public.)* Savez-vous, messieurs les maris, le sens que cachent ces paroles captieuses? Le voici: Barnabé, prépare-toi à payer largement!.. Oh! les femmes!... Que diable avais-je donc de me marier? Moi, qui me suis acquis une fortune convenable dans la fabrication de la colle forte, j'ai voulu, pour compléter mon bien-être, une jeune et jolie femme. J'ai oublié qu'à présent une femme est un objet de luxe dont l'entretien, si le mari ne veillait pas avec attention à la dépense, finirait par dévorer la richesse de Rothschild. *(Avec un rire forcé.)* Eh! eh! Barnabé, tu l'as obtenue, cette femme!... Tu en supportes les conséquences... Tant mieux!... Elle vient... Soyons cette fois-ci inflexible. *(Il se promène en maugréant.)*

SCÈNE II.

TROUFICHARD, DÉSIRÉE *entrant par la droite*, puis L'OUVRIÈRE.

DÉSIRÉE, *allant gaiement à Troufichard.*

Ah! je vous cherche, mon ami!

TROUFICHARD

Madame, ce ton-là est aujourd'hui fort déplacé.

DÉSIRÉE

Eh quoi! est-ce ainsi que vous accueillez habituellement votre Désirée, celle que vous désiriez tant?

TROUFICHARD

J'ai désiré Désirée et je l'ai eue; mais j'ai eu aussi avec elle ce que je ne désirais pas *(s'animant)*, c'est-à-dire une coquette, une femme qui ne pense qu'à la parure, et qui finira par me ruiner, si je n'y mets bon ordre.

DÉSIRÉE, *d'un ton dramatique.*

D'où vient, ô mon époux, cette ardente colère?

TROUFICHARD, *présentant gravement la facture et répondant sur le même ton.*

Elle me vient... Lisez!.. La chose est-elle claire?

DÉSIRÉE, *à part.*

Que dira-t-il quand il verra la note de la modiste?

TROUFICHARD, *à part.*

Elle réfléchit... Il y a encore de l'espoir.

DÉSIRÉE

Vous ignorez donc, mon ami, que notre sexe est fait pour attirer les regards du vôtre... Et quand on a une femme que tout le monde trouve charmante, il faut bien...

TROUFICHARD

Vous seriez mille fois plus charmante et plus agréable pour moi, si vous dépensiez moins; sachez bien, madame, que je ne vous ai pas épousée pour que vous cherchiez à plaire aux autres.

DÉSIRÉE

Allons! mon tourtereau, mon chou!

TROUFICHARD

C'est bon, c'est bon!.. Vous croyez, vous autres femmes, en donnant à vos maris des noms d'oiseau, de végétal, leur faire faire tout ce que vous voudrez; appelez-moi cornichon, serin, si vous y tenez; mais jamais je ne paierai ce compte!

DÉSIRÉE, *à part.*

Il le paiera, comme il paiera le reste. *(Haut, et se laissant tomber sur le canapé.)* Que vous êtes cruel!... Vos paroles m'ont déchiré le cœur!... *(Comme si elle s'évanouissait.)* Que je suis mal!... oh! que je suis mal!

TROUFICHARD

Nous y voilà encore!... *(Il lui tape dans la paume de la main pour la faire revenir à elle.)* Je paierai, puisqu'il le faut; mais, au nom de notre amour, plus de ces dépenses folles qui te feraient détester au lieu de te faire aimer!

DÉSIRÉE

Oh! Barnabé, que je souffre!...

TROUFICHARD

Et moi? Et ça? *(Indiquant la poche de son gilet.)* Reviens à toi, ma chérie!...

DÉSIRÉE

Barnabé, je t'aime!...

TROUFICHARD

Je me sens attendri! Que nous sommes bêtes, les hommes!... Les femmes sont filles du démon... Et quand on leur demande, cependant, qui les a créées et mises au monde, elles vous répondent ingénûment : c'est Dieu.

DÉSIRÉE, *se levant.*

Nous répondons ainsi quand nous sommes demoiselles.

TROUFICHARD

Et quand vous êtes épouses ?

DÉSIRÉE

Nos maris, en galants chevaliers, se chargent alors de répondre pour nous... (*à part*) auprès de nos fournisseurs.

TROUFICHARD

Oh ! joli, ma parole d'honneur !... Ça a de l'esprit comme un ange ou comme un petit diable.

PREMIER COUPLET

La femme a sur nous un empire
Auquel rien ne peut résister :
Un mot, un regard, un sourire
Suffisent seuls pour nous dompter.
Moi, quand la colère m'enflamme,
Pour rester ferme... je m'en vas...

(*A part.*)

Car souvent auprès de sa femme
On fait ce qu'on ne voudrait pas.

(*Il va pour sortir.*)

DÉSIRÉE, *le retenant.*

DEUXIÈME COUPLET

Monsieur, quand une femme est sage,
Un galant homme doit savoir,
Soumis aux lois du mariage,
Toujours payer... C'est son devoir.

(*Le regardant avec intention.*)

Préférerait-il que Madame
Osât, pour sa toilette... hélas !
Faire, comme plus d'une femme,
Ce que son mari ne veut pas ?

TROUFICHARD

Dès lors il faut toujours payer, ou bien les maris doivent s'attendre à... (*A part, au public.*) Vous me comprenez !.. Désirée, au lieu de lire les journaux de modes, ces ennemis du repos des ménages, tu ferais mieux de lire ce que nos moralistes ont écrit sur le luxe effréné des femmes... Tu y gagnerais (*à part*) et moi aussi.

DÉSIRÉE

Et vous de lire l'*Avare* de Molière.

TROUFICHARD

C'est un chef-d'œuvre.

DÉSIRÉE

Qui ne corrigera pas plus les ladres que les plus beaux écrits ne convertiront la femme, à l'égard des dépenses qu'elle fait pour sa toilette.

TROUFICHARD

Mais c'est de la tyrannie !... La loi veut que tu obéisses à ton mari ; lui seul possède la raison, car les naturalistes ont reconnu que, de tous les animaux, l'homme seul est un être pensant.

DÉSIRÉE, *riant.*

Et la femme un être dépensant.

TROUFICHARD, *stupéfait.*

Un jeu de mots ! Donnez donc de l'instruction aux femmes !... Elles s'en servent pour faire des calembours !...

DÉSIRÉE, *minaudant.*

Barnabé, vous n'êtes pas raisonnable ! Songez à ce que madame Dorlanchou dirait, si nous paraissions à son bal comme des grigous, nous qui passons pour avoir trente mille francs de rente.

TROUFICHARD, *fièrement.*

Nous en avons trente-cinq mille, Désirée !...

DÉSIRÉE, *surprise.*

Ah !... Raison de plus, il faut savoir dépenser les revenus et respecter le capital... Puisque nous n'avons pas d'enfants, profitons de notre indépendance. (*Avec intention.*) Barnabé, nous ne serons pas toujours libres, et quand nous aurons...

TROUFICHARD

C'est vrai ! Si nous avions, là, près de nous, quelques jolis bambins, frais et roses comme leur mère !... S'entendre appeler papa !... Oh ! c'est à en mourir de joie !... Ça viendra ! Je sens là (*mettant la main sur son cœur*) que ça viendra... Il me faut des Troufichard, je ne veux pas être le dernier de ma race. (*Avec emphase.*) Désirée, songe qu'aujourd'hui plus que jamais, la patrie a les yeux fixés sur nous, et que de tes flancs sortiront des héros !

DÉSIRÉE, *riant.*

Ou des marchands de nouveautés... A propos, avez-vous essayé votre costume ?

TROUFICHARD, *surpris.*

Mon costume, moi ?

DÉSIRÉE

Certainement !... Je l'ai choisi moi-même (*allant prendre le costume dans la chambre de gauche*), et vous serez à croquer... Tenez, le voici !

TROUFICHARD

Veuillez, madame, renoncer à ces plaisanteries qui ne sont plus de mon âge... Moi, en pierrot?... Fi donc! Si c'était en Turc ou en sauvage,... je ne dirais pas non;... mais en pierrot,... quelle horreur!...

DÉSIRÉE, à part.

Il le mettra. (*Haut.*) Faites-moi ce plaisir, mon ami!...

TROUFICHARD

Non, madame, non, je ne m'affublerai pas de ce déguisement ridicule. (*A part.*) Ne cédons plus.

PREMIER COUPLET

Un pierrot!.. Dans la colle forte,
Non, jamais cela ne s'est vu!...
Je veux que le diable m'emporte
Plutôt que d'être ainsi vêtu!...
Madame veut, je le présume,
De son époux faire un jobard?
(*Avec dignité.*)
Jamais, sous un pareil costume
Ne se montrera Troufichard.

DÉSIRÉE

DEUXIÈME COUPLET

Combien ton erreur est profonde!...
Apprends, Barnabé, que l'habit
Ne fait plus le moine en ce monde,
Que tout y dépend de l'esprit.
Qui de notre habit se méfie,
Voit Figaro sous Escobard,
La sagesse sous la folie
Et sous un pierrot, Troufichard.

TROUFICHARD

J'en conviens. C'est pourquoi Troufichard, se trouvant

un sot, ne veut pas se mettre en pierrot. Tiens! J'ai fait un vers!... J'étais sujet à cette maladie dans ma jeunesse; mais l'illustre Chiarini (1)... Oh! pardon, je veux dire Boileau, m'en a guéri radicalement. J'ai suivi son conseil, et je suis resté fabricant de colle forte. Je sais bien que ma profession n'est pas incompatible avec celle d'un littérateur, et que plus d'un journaliste, en fait de colles.. fortes... pourrait me rendre des points...

DÉSIRÉE

Ainsi, c'est décidé; car vous avez trop de bon sens pour me refuser ce que je vous demande : cela aurait peut-être de grosses conséquences... C'est une envie!...

TROUFICHARD

Serait-ce vrai? Oh! Dieu me préserve d'avoir pour fils un pierrot!.. (*Il prend le costume et le regarde.*)

DÉSIRÉE

Que vous êtes gentil, quand vous le voulez!...

TROUFICHARD, *s'habillant.*

Si mes confrères me voyaient, que diraient-ils de moi? Troufichard, voile-toi la face, tu es indigne de voir la lumière!..

DÉSIRÉE

Que ce costume vous va bien!.. Le chapeau me plaît beaucoup.

TROUFICHARD, *prenant le chapeau et le regardant.*

Sa forme ne me plaît guère, à moi. (*A part.*) Celui qui a inventé ce chapeau ne devait pas être marié. (*Haut, se*

---

(1) Le vermifuge de Chiarini avait une grande vogue en Provence.

coiffant.) Le ciel me tiendra compte de mon dévouement anticipé pour ma progéniture!..

DÉSIRÉE, *prenant la houppe.*

Maintenant, il faut vous poudrer le visage.

TROUFICHARD

Quel est cet énorme flocon de neige? Oh! vous abusez, madame!

DÉSIRÉE, *lui poudrant le visage.*

Vous ne pouvez porter ce vêtement sans vous blanchir la figure. Cette opération complète votre déguisement.

TROUFICHARD

Me voilà fariné comme un goujon qu'on va mettre à la friture. O Nature, sentiment de la paternité, de quel sacrifice n'es-tu point capable!... (*Au public.*) Je vous demande quel serait mon malheur si ma femme mettait au monde un enfant dans ce genre-là? Êtes-vous contente, madame Troufichard? Pourvu que personne ne me voie... (*Il va se cacher derrière le canapé, en entendant venir l'ouvrière.*)

L'OUVRIÈRE, *entrant.*

Voici, madame, le chapeau avec la note.

TROUFICHARD, *se montrant tout à coup et descendant vivement la scène.*

La note!... Encore une note?

DÉSIRÉE, *à l'ouvrière qui éclate de rire en voyant Troufichard.*

C'est bien, on ira la payer. (*L'ouvrière sort.*)

TROUFICHARD, *prenant la note.*

C'est bien!... c'est bien, dites-vous?... (*Lisant.*) Un

chapeau Pompadour, 75 francs 35 centimes et une plume, 119 francs 60, total : 194 francs 95 centimes. Et vous trouvez cela bien ? Madame, je suis loin de partager votre opinion à ce sujet... Moi, je trouve ce chiffre abominable. (*Il prend le chapeau et va vivement vers la porte du fond en appelant.*) Fille ! Eh ! Lisette, Jeannette, débarrassez-moi de ce chapeau !... (*Sortant précipitamment.*) Je la rattraperai !...

SCÈNE III

DÉSIRÉE, *seule.*

Oh ! je vois que les maris ont les femmes qu'ils méritent !... Si j'étais moins aimée, je n'abuserais pas de l'affection de ce bon Troufichard !... Il crie, il s'emporte, puis il finit toujours par faire ce que je veux. (*Riant.*) Les hommes sont plaisants, quand ils parlent de liberté, d'indépendance... Allons donc, messieurs, tant que la femme existera vous serez ses esclaves !... Mon mari va rentrer, que puis-je imaginer pour le décider à accepter mes dépenses ? Me montrer jalouse ou le rendre jaloux lui-même ? Essayons l'un de ces deux moyens, et s'il ne réussit pas, la ruse m'en fournira d'autres. La femme déploie souvent une plus grande habileté pour obtenir de son mari une robe, une parure, que le plus fin diplomate pour gagner une province.

SCÈNE IV

DÉSIRÉE, TROUFICHARD

TROUFICHARD, *entrant, à part.*

Je n'ai pu rejoindre cette maudite ouvrière. Habillé

comme je le suis, je n'ai pas osé la poursuivre dans la rue. Je me vois donc forcé de garder le chapeau. (*Regardant sa femme en lui remettant le chapeau.*) 631 francs 85, ce matin et 194 francs 95, à présent... Oh! madame, j'en rougis de honte pour vous !...

DÉSIRÉE, *riant.*

Je ferai rabattre les centimes.

TROUFICHARD

Rien que les centimes... C'est le tout que je veux rabattre, moi !... Il faut convenir que les comptes des modistes se rapprochent singulièrement de ceux des apothicaires !... On devrait même donner la préférence à ces derniers; car enfin, c'est avec l'intention de nous guérir, qu'ils nous vendent leurs drogues; tandis que les autres coiffent nos femmes (*à part*) souvent pour nous faire coiffer... (*Haut.*) 194 francs 95, une coiffure de bal !... Quelle abomination !.. Oh! qu'ils m'en auraient fourni pour ce prix-là des purgatifs, des vomitifs et autres évacuatifs plus ou moins curatifs !...

DÉSIRÉE

Et vous souffririez que je me rendisse chez madame Dorlanchou, tête nue, avec le costume que j'ai? (*Otant son peignoir.*) Voyons, comment me trouvez-vous ?

TROUFICHARD

Adorable !... C'est dommage que ce soit si cher.

DÉSIRÉE

C'est bien le moins, monsieur, que j'use de ma dot.

TROUFICHARD, *riant.*

Ah! oui, parlons-en un peu! Votre dot me rend 500

francs par an... Vous dépensez aujourd'hui (*s'animant*) 826 francs 90 centimes pour le bal de madame Dorlanchou. Essayez de déduire 826 francs 90 centimes sur le revenu de votre dot, et vous verrez, en additionnant jour par jour les dépenses de votre toilette (*d'un rire sardonique*) ce qui me reste, ou du moins, ce que j'ai à ajouter pour aller au bout de l'année... Car je sais compter, madame!...

DÉSIRÉE

Avec les femmes on ne compte pas.

TROUFICHARD, *colère.*

Je compterai, moi!... Sinon je... (*Il vient près de sa femme et la regarde amoureusement*).

DÉSIRÉE, *avec douceur.*

Une menace!...

DUO

TROUFICHARD

Chère Désirée!
O mon adorée!
J'ai vu le bonheur
Depuis que ton cœur
Vint à ma tendresse
Apporter l'ivresse;
Pourquoi, tendre amour,
Nous fuir en ce jour?

(*Il se rapproche de sa femme.*)

Comme toi quand on est jolie,
A quoi servent ces falbalas?

DÉSIRÉE, *minaudant.*

Croyez que la coquetterie
A notre sexe ne nuit pas.

TROUFICHARD, *amoureusement.*

Quand un mari dira : Ma chère,
De ces vains atours fuis l'emploi ;
Sans eux tu sauras toujours plaire...
Pourquoi donc t'en servir pour moi ?

ENSEMBLE

TROUFICHARD

Chère Désirée !
O mon adorée !
J'ai vu le bonheur
Depuis que ton cœur
Vint à ma tendresse
Apporter l'ivresse ;
Pourquoi, tendre amour,
Nous fuir en ce jour ?

DÉSIRÉE, *à part.*

De sa Désirée,
De son adorée,
Il veut le bonheur !
Il faut que mon cœur
Et que ma tendresse
Apportent sans cesse
A son tendre amour
Un bien doux retour.

DÉSIRÉE, *haut.*

Pour notre sexe la parure
Est ce qu'un cadre est au tableau,
Ce qu'au livre est la reliure
Et le plumage pour l'oiseau.

TROUFICHARD, *maugréant.*

Mieux eût valu de vos grand'mères
Conserver la simplicité.

DÉSIRÉE, *avec intention.*

Et vous, messieurs, de vos grands-pères
Conserver l'amabilité.
(*Reprise de l'ensemble.*)
TROUFICHARD

Résignons-nous... Avec les femmes il faut savoir être philosophe.
DÉSIRÉE

Avec trente-cinq mille francs de rente et une femme... qui n'est pas mal, on peut aisément se soumettre à sa destinée. Ils sont tous comme cela nos prétendus philosophes, c'est lorsqu'ils digèrent un bon dîner, arrosé de bordeaux et de champagne qu'ils font les résignés.

TROUFICHARD

Ou bien lorsqu'ils ont 194 francs 95 à payer pour un chapeau... (*criant*) et une plume ; la plume seule, 119 francs 60.
DÉSIRÉE

Encore !... Est-ce qu'on doit se montrer aussi tenace que vous l'êtes, quand on n'a pas d'enfants ?

TROUFICHARD

Oh ! j'en aurai !... Je préfère douze enfants à tous ces colifichets, vraies ruines de maisons. N'oubliez pas, madame, que l'entretien d'un vice coûte plus cher que l'entretien d'une nombreuse famille, et que le luxe perd les femmes.
DÉSIRÉE

Je crois au contraire qu'il aide à les faire retrouver.
TROUFICHARD, *riant.*

Oui, mais Dieu sait comment on les retrouve.

DÉSIRÉE

Vous êtes insupportable!... (*A part.*) Employons ce moyen. (*Haut.*) Si je voulais, vous ne dépenseriez rien pour ma toilette... Il y a un jeune homme qui...

TROUFICHARD, *colère.*

Quel est ce jeune homme... qui?

DÉSIRÉE

Monsieur Cubidois, un écrivain qui rédige le *Galvanisateur du guano.*

TROUFICHARD

Un homme de lettres!... Ah! en voilà une de profession!... Je préfère, et le gouvernement aussi préfère, un fabricant de colle forte à un journaliste... Un écrivain, ça ne paie pas patente.

DÉSIRÉE

Le génie, monsieur, la paie avec sa plume.

TROUFICHARD

Oh! le génie chez un écrivain du *Galvanisateur du guano!...* Comme en France on abuse des mots! Allons, je paierai le chapeau, la plume et le reste. C'est égal, je ne puis pas avaler cette plume. (*A part.*) Il faut bien que je m'y décide pour éviter le plumet que voudrait me faire porter le monsieur en question; ce monsieur qui vit de sa plume, tandis que moi je les achète... En voilà un qui a de la chance!...

DÉSIRÉE, *à part, riant.*

Les hommes, il n'y a qu'à savoir les prendre. Avec la douceur et une légère dose de ruse, une femme peut obtenir tout ce qu'elle veut de son mari. (*Haut.*) Puisque vous êtes maintenant un peu aimable, préparez-vous à danser; car je n'ai jamais eu l'occasion d'apprécier vos talents chorégraphiques.

TROUFICHARD

Je suis prêt à vous en donner un léger échantillon. (*Commencement du quadrille*). En avant deux! (*Sa danse est un peu risquée, celle de Désirée doit être décente.*)

DÉSIRÉE, *avec dignité*.

Monsieur Troufichard, d'après certains pas et certains gestes, je m'aperçois que vous avez été un grand libertin!...

TROUFICHARD, *riant*.

Eh! eh!... on a fait sa petite jeunesse... sa première.

DÉSIRÉE, *mettant son chapeau*.

Et aujourd'hui?

TROUFICHARD

On fait sa grosse jeunesse, sa dernière qui sera la plus longue et la plus agréable, auprès de sa bien-aimée qui est aussi ravissante à voir qu'à entendre. (*Avec passion.*) O Désirée! Désirée! je voudrais... (*Il va pour l'embrasser, puis se ravisant et à part.*) Barnabé, modérez vos transports amoureux!... Vous pourriez chiffonner l'habillement de votre femme, et vous seriez obligé de le remplacer (*Haut.*) Que ce costume te va bien!... Que tu es jolie!.. Oh! s'il ne fallait pas aller chez madame Dorlanchou!..

DÉSIRÉE

Voilà comme vous devriez être toujours.

TROUFICHARD

Oui, ma chérie!.. Pour cela faire, évite-moi la présence des modistes, je les exècre au suprême degré *(à part)*...

moins peut-être comme femmes que comme marchandes; *(criant)* oui, je les exècre... leurs comptes surtout!

DÉSIRÉE

Payez-les, car le jour où vous ne les paieriez plus, je serais obligée de vous faire des histoires... Il vaut mieux que je vous fasse des comptes... Vous y gagnerez.

TROUFICHARD

Je comprends... L'écrivain du *Galvanisateur du guano!*... Oh! la femme, la femme sera toujours Eve et l'homme toujours Adam!... J'ai crié, tempêté et je me décide à payer... Je ne voulais pas être en pierrot et j'y suis... Le proverbe a bien raison quand il dit : *Ce que femme veut, Dieu le veut.*

FINAL

DÉSIRÉE, *au public.*
De notre heureux ménage
Ne troublez point les jours ;
Sur notre mariage
Voltigent les amours.

TROUFICHARD
Bravos qu'elle réclame,
Répondez à son vœu :
Ce que veut une femme
On sait que Dieu le veut.

(Suite du quadrille.)

(Dansant.) En avant, place à monsieur et madame Troufichard!... En avant le pierrot!... Jouissons de notre reste; c'est notre dernier carnaval.

(Ils terminent le quadrille et saluent le public.)

RIDEAU

1860.

ON DEMANDE UN MARI

OPÉRA COMIQUE EN UN ACTE

Musique de J.-B. DE CROZE.

~~~~~~~~

Représenté sur un Théâtre de Société en 1863.

PERSONNAGES :

ÉLOI, habillé avec goût.

DOMINIQUE, vieux domestique, en grande livrée.

AMÉLIE, gracieux négligé qui, dans la sixième scène, sera en partie caché par les vêtements de femme âgée : un long mantelet ou un grand châle ; pour coiffure, un chapeau auquel sera fixée une voilette presque entièrement baissée.

~~~~~~~~~~

La scène se passe à Paris.

ON DEMANDE UN MARI

Un salon richement décoré. — Porte dans le fond. — Portes latérales. — A gauche, un fauteuil près d'une table sur laquelle sont des papiers et une écritoire.

SCÈNE PREMIÈRE

DOMINIQUE, *seul.*

Mademoiselle a voulu que je prisse mes vêtements de gala pour recevoir un monsieur dont le nom m'est inconnu. Aussi, n'ai-je rien négligé pour obéir à mon excellente maîtresse. (*Il se regarde.*) Habit galonné, perruque à marteaux, culotte courte... Il faut aujourd'hui jeter de la poudre aux yeux. Paraître est la grande affaire !... Combien de gens sacrifient leur repos pour se montrer plus qu'ils ne sont !... Notre époque est à la *poudre*... Oh ! pardon pour ce jeu de mots qui a l'air de toucher à la politique... J'ai même voulu que mes mollets fussent en rapport avec ceux de ma jeunesse, et pour cela faire, je suis allé chez le fournisseur des dames du corps de ballet, où, moyennant 7 francs 50, j'ai acheté la paire que voici. (*Montrant son mollet.*) 7 francs 50 !... Il y en a pour tous les goûts. J'aurais pu les choisir beaucoup plus gros ; mais comme je ne suis pas ambitieux, je m'en suis tenu à cette modeste dimension. Qui m'aurait dit, pauvre Dominique, que je perdrais un jour ce qui avait fait la gloire de ma jeunesse ? Car j'avais une jambe..., vrai modèle d'académie !

PREMIER COUPLET

Tudieu ! quand j'avais vingt ans,
 Ma jambe bien faite
 Exaltait la tête
Des filles et des mamans.
 Mais, comme les roses,
Les amours et le printemps,
Les beaux mollets sont des choses
Qui ne durent pas longtemps.

DEUXIÈME COUPLET

Tudieu ! quand j'avais vingt ans
 Je courais les belles
 Et plus d'une d'elles
Me fit de tendres serments.
 Serments du jeune âge
Ne sont pas moins inconstants
Qu'un mollet, qu'un beau visage,
Car rien ne dure longtemps.

Quelle est la visite que nous attendons ? Sans doute un homme de marque, rencontré par mademoiselle dans ses nombreux voyages... Elle vient, tâchons de le lui faire dire...

SCÈNE II

DOMINIQUE, AMÉLIE, *entrant par la porte de gauche.*

DOMINIQUE, *saluant.*

Comment me trouvez-vous, mademoiselle ?

AMÉLIE

Superbe !

DOMINIQUE

Est-ce comme cela que vous me désiriez pour recevoir la personne que... ?

AMÉLIE

Oui, mon ami. Va dire à Louise qu'elle prépare les vêtements dont je lui ai parlé, et tu m'apporteras le chapeau et le voile.

DOMINIQUE, *à part.*

Je ne pourrai rien savoir. (*Haut.*) J'y cours. (*Il sort par la porte de droite.*)

SCÈNE III

AMÉLIE, *seule.*

Mes gens ignorent la petite comédie que je vais jouer. Orpheline dès mon enfance, mon éducation fut confiée à une tante qui, vers la fin de son existence, se prit d'une belle passion pour les voyages. En qualité de vieille fille, la chère défunte aimait les mœurs anglaises, et mon caractère et mes goûts se sont, je l'avoue, ressentis de ce penchant. L'héritage qu'elle m'a laissé, réuni à mon patrimoine, me constituent une fort belle dot... Cette dot, si elle était connue, me vaudrait une foule d'adorateurs; mais j'ai résolu, pour m'établir, de m'en rapporter au hasard, puisque mes plus douces espérances en amour ont été déçues jusqu'ici... Pénétrée de cette idée, j'ai fait insérer dans les journaux, d'après un usage britannique, l'annonce suivante: « Une personne appartenant au sexe « féminin désire se marier; sa position lui permet d'être

4

« guidée, dans le choix qu'elle fera, plutôt par le cœur
« que par la fortune. Écrire aux initiales A. I. On ne
« recevra que les lettres affranchies. » J'ai été bien inspirée en mettant ce post-scriptum ; car j'ai trouvé à la poste, dans l'espace de trois jours, 1,917 lettres !... Il est certain que ce n'est ni mon visage, ni mes qualités qui m'ont valu ce déluge de réponses (*elle s'approche de la table et montre des lettres*), puisque, sauf celle-ci (*elle tire une lettre de sa poche*), toutes me demandent, avec des protestations d'amour souvent passionné, le chiffre réel de ma fortune... Jamais femme n'a eu autant de soupirants... 1,917 !... Et il se trouve des gens qui prétendent que les journaux ne sont bons à rien !... Dans cette avalanche de lettres, voilà celle (*la montrant*) qui, par sa délicatesse, a fixé mon attention.

PREMIER COUPLET

Ces lettres que je viens de lire
(*Désignant les papiers qui sont sur la table.*)
S'enquièrent peu de mes vertus ;
Plus que moi, ce que l'on désire,
C'est de posséder mes écus.
Celle-ci me dit, au contraire,
   (*Montrant la lettre qu'elle tient.*)
Que l'argent n'est pas le bonheur.
Oh ! dans le choix que je vais faire,
Amour, amour, guide mon cœur !

DEUXIÈME COUPLET

Tous brûlent d'une ardeur extrême
Pour moi, qu'ils ne connaissent pas ;
Et plus d'un, pour prouver qu'il m'aime,
      (*Appuyant.*)
Me menace de son trépas.

Il en est un que je préfère :
Je trouve en lui franchise, honneur.
Oh! dans le choix que je vais faire,
Amour, amour, guide mon cœur !

Chut!... j'entends revenir Dominique.

SCÈNE IV

AMÉLIE, DOMINIQUE, *apportant un chapeau de forme ancienne auquel est fixé un voile.*

DOMINIQUE

Voici, mademoiselle, les objets demandés.

AMÉLIE

Je te remercie. Voyons ce chapeau. Cette voilette (*elle l'arrange*) a trop d'épingles, on pourrait s'y piquer. (*Lui donnant les épingles.*) Place-les quelque part.

DOMINIQUE

Où? (*Riant.*) Ah ! j'oublie que je suis porteur de deux pelotes! (*Il pique les épingles à ses mollets.*) Ces mollets ont encore cet avantage, et puis ils tiennent chaud.

AMÉLIE

Mais tu es fou? (*Elle essaie le chapeau.*)

DOMINIQUE

Oh! non, mademoiselle, je ne le sens pas; j'ai des mollets qui résisteraient à des coups de sabre!...Comme c'est ingénieux! Vive Paris! avec de l'argent on y obtient jusqu'à des mollets!

AMÉLIE

Quoi!... ces mollets?... (*Elle pose son chapeau sur la table.*)

DOMINIQUE

Sept francs cinquante. Pas un centime de plus. J'ai voulu faire honneur à la visite que vous attendez... C'est sans doute quelqu'un de très distingué?

AMÉLIE

Je ne le connais pas plus que tu ne le connais toi-même. Tu as bien jeté mon billet à la poste, n'est-ce pas?

DOMINIQUE

Oui, mademoiselle... J'ai trouvé encore plusieurs autres lettres que j'ai apportées. (*A part.*) Il y a certainement un mystère là-dessous.

AMÉLIE

Je viens de les lire.

DOMINIQUE

Je ne puis cacher la surprise, j'allais dire l'inquiétude, que m'a causée l'énorme quantité de lettres qui vous ont été adressées... Dans l'espace de trois jours (*appuyant*), dix-neuf cent quarante sept...

AMÉLIE

Tu les a donc comptées?

DOMINIQUE

Il ne faudrait pas vous être dévoué comme je le suis pour fermer les yeux sur tout ce qui vous intéresse. Vous savez qu'à ses derniers moments, mademoiselle votre tante me fit jurer de veiller sur vous comme sur mon propre enfant; de la remplacer par mes conseils, mon expérience...

AMÉLIE

Oui, mon ami, et elle avait bien placé sa confiance, car tu es le cœur le plus généreux que nous ayons connu. Dominique, dans la famille, nous t'avons toujours regardé comme un bienfait que la Providence a daigné nous accorder. Je n'oublierai jamais que, sans ton dévouement, ma tante serait morte sur l'échafaud... Elle me l'a dit bien des fois, la sainte femme.

DOMINIQUE

J'ai fait mon devoir, rien de plus.

AMÉLIE

Ton devoir était de nous servir et non d'exposer tes jours. Tu nous devais tes soins, ton travail, et non le sacrifice de ta vie. Un soir, au nom de la liberté...

DOMINIQUE

De l'égalité (*riant*) et de la fraternité !

AMÉLIE

On vint arrêter ma tante, sous le prétexte que ses opinions étaient monarchiques et religieuses. Alors, n'écoutant que ton affection pour elle et profitant de la nuit, tu substituas à ma tante ta femme, qui fut emmenée par les agents révolutionnaires. Le lendemain, on s'aperçut de ton stratagème, mais ma tante était sauvée. Au moment où la femme sortait de prison, tu y entrais, toi, excellent Dominique, sous la grave inculpation d'avoir favorisé la fuite d'une aristocrate. Tu fus condamné à mort et la sentence allait être exécutée, quand...

DOMINIQUE, *l'interrompant.*

Oh! de grâce, mademoiselle.

AMÉLIE

De pareilles actions ne s'oublient pas...

DOMINIQUE

Faut-il, à mon tour, vous rappeler les bienfaits constants de votre famille ; jusqu'à sa dernière heure, ma femme n'a-t-elle pas été soignée par votre tante, et cela a duré près de dix ans ! Sans elle, ma pauvre Gertrude serait morte, oui, morte à l'hôpital !... Et moi-même, depuis longtemps, ne suis-je pas plutôt un embarras, une charge, qu'un serviteur... Vous me gardez pourtant... Moi, qui devrais obéir, je commande... on me sert... Oh! croyez-le, mademoiselle, vous avez plus fait pour moi que je n'ai jamais fait pour vous. (*Il lui baise la main en pleurant.*)

AMÉLIE, *avec attendrissement.*

Bon Dominique !... Mais à côté de ces souvenirs, il y en a aussi de bien agréables.

DOMINIQUE

Oh! oui.

PREMIER COUPLET

Ces souvenirs chers à mon âme
Me rappellent des jours heureux.
Il me semble encor voir ma femme
Se prêter gaîment à vos jeux ;
Puis, le soir, votre blonde tête
Trouvait le sommeil dans ses bras...
En prenant ces habits de fête (*il pleure*),
Qui m'aurait dit tu pleureras.

ENSEMBLE

DOMINIQUE

Éloignons donc, ô Dominique,
Ces souvenirs de notre esprit !...
Il faut qu'aujourd'hui je m'applique
A mettre avec vous à profit
Votre dessein et mon habit.

AMÉLIE

Chassons, ô mon bon Dominique,
Ces souvenirs de notre esprit !
Et que chacun de nous s'applique
A mettre en ce jour à profit,
Moi, mon dessein, toi, ton habit.

DEUXIÈME COUPLET

AMÉLIE

En me rappelant mon enfance,
Pouvons-nous oublier Éloi,
Éloi dont nous pleurons l'absence,
Car tu l'aimais autant que moi.

DOMINIQUE, *parlé*.

Qu'est devenu ce cher enfant ?

AMÉLIE

Souvent ce que le cœur souhaite
Survient quand on ne l'attend pas.
(*En souriant.*)
Ce soir, sous tes habits de fête,
Peut-être bien que tu riras.
(*Reprise de l'ensemble.*)

DOMINIQUE

Mademoiselle votre tante avait l'intention de vous marier à monsieur Éloi ; mais, hélas ! nous devons renoncer à accomplir ce vœu, puisque, malgré toutes nos démarches, nous ignorons encore le pays qu'habite ce brave jeune homme. Il faut maintenant songer à vous établir. Je suis arrivé à un âge où Dieu m'appellera bientôt à lui. Cette préoccupation m'effraie quand j'entrevois les dangers que vous courrez le jour où je ne serai plus auprès de vous, pour veiller sur vos intérêts... Votre fortune est considérable et des intrigants pourront...

AMÉLIE

Voilà précisément le motif qui m'a fait écrire ce matin... Ecoute, car je n'ai point de secrets pour toi; n'ayant aucune relation à Paris, où nous sommes arrivés depuis vingt jours, j'ai employé le moyen le plus original pour voir accourir des milliers d'adorateurs. Une seule personne a répondu dignement à mon appel. (*Elle donne à Dominique la lettre qu'elle tire de sa poche.*) Lis !

DOMINIQUE

Ne vous fiez pas trop au langage des hommes ; l'amour est rarement sincère quand il a deux millions pour objectif.

AMÉLIE

Et puis la signature de cette lettre m'a frappée ! Ces deux initiales M. É, qui forment avec les miennes le mot *aimé*, sont d'un bon augure. C'est une bizarrerie du hasard, me diras-tu ; mais, nous autres femmes, nous recherchons l'extraordinaire, le merveilleux, et c'est ce que nous croyons toujours trouver dans les choses interdites.

DOMINIQUE

Parce que généralement, mademoiselle, votre sexe se laisse plutôt conduire par son imagination que par la réflexion. (*Il lit la lettre.*)

AMÉLIE

J'attribue la désobéissance de notre première mère moins à la curiosité qu'à l'esprit de contradiction.

DOMINIQUE

Et à des paroles flatteuses, comme celles du serpent.

AMÉLIE

Je tâcherai de me prémunir contre elles.

DOMINIQUE

Femme avertie en vaut deux. (*Rendant la lettre.*) Cette lettre est d'un honnête homme.

AMÉLIE

J'ai cédé à la sympathie que m'inspire le signataire M. E... Je l'ai prié de se rendre chez moi... Il faut que personne ne réponde aux questions que cet étranger pourrait adresser.

DOMINIQUE

Je vous le promets.

AMÉLIE

Mon nom est un secret pour lui, et, sans qu'il voie mon visage, je m'assurerai de ses intentions à mon égard. Dominique, je ne terminerai rien sans ton approbation : n'es-tu pas pour moi comme un second père ?... Tu garderas donc le silence sur tout ce que je t'ai dit ; songe qu'un seul mot pourrait me compromettre.

DOMINIQUE

Je serai muet et même sourd, s'il le faut. Pour le reste de la maison, vos domestiques hommes se tairont... Je ferai en sorte que les femmes les imitent ; ce qui ne sera pas très facile, mais j'y veillerai.

AMÉLIE, *souriant.*

Méchant ! (*On sonne.*) J'entends sonner. (*Elle emporte son chapeau.*) Je te laisse pour recevoir. Dans un instant je vais étudier celui à qui j'unirai peut-être mon existence. Réussirai-je ? (*Sortant par la porte de gauche.*) Un homme est si difficile à connaître !...

DOMINIQUE, *l'accompagnant.*

Avec le temps on y parvient (*descendant la scène*), tandis qu'une femme, on ne la connaît jamais.

SCÈNE V

DOMINIQUE, ÉLOI (*entrant par la porte du fond et s'adressant à celui qui est censé l'avoir accompagné*).

ÉLOI

J'y suis; merci, mon ami. Ah! j'aurais dû dire monsieur. On ne saurait aujourd'hui avoir trop de respect pour les gens qui nous servent. (*Il se tourne et, se trouvant en face de Dominique, il le salue. Dominique s'incline, prend le pardessus qu'Éloi a sur son bras et le place sur un fauteuil.*)

DOMINIQUE, *à part.*

Ce monsieur a l'air distingué.

ÉLOI

Madame A. I., s'il vous plaît! (*Dominique s'incline en lui offrant un fauteuil.*) (*A part.*) Je lui demande sa maîtresse et il me présente un siége. (*Il s'asseoit et après un moment de réflexion. Haut.*) Pourriez-vous me dire si la personne qui est désignée par les initiales A. I., est demoiselle? (*Dominique garde le silence.*) Veuve? (*Nouveau silence.*) Elle est au moins jeune et jolie? (*Même silence.*) Il ne répond à aucune question... Sont-ils tous muets dans cette maison? C'est une excellente idée que d'avoir des domestiques muets!... (*Il se lève.*)

DOMINIQUE, *se promenant et à lui-même.*

J'ai vu cette figure quelque part.

ÉLOI

Essayons du langage régularisé par l'abbé de l'Épée. (*Il fait des signes.*) Rien !... Écrivons. (*Il écrit et met le papier sous les yeux de Dominique.*) Rien encore !... Il me reste un dernier moyen, celui-là réussit toujours auprès des âmes sensibles. (*Il prend un billet de banque dans son porte-monnaie et le présente à Dominique qui le refuse.*) Oh ! c'est trop fort !.. Un domestique qui ne prend pas... même lorsqu'on lui offre, ça ne s'est jamais vu... Ce serviteur ne doit pas avoir fait son éducation dans un pays civilisé. (*A part.*) Mais plus je regarde cet homme, plus il me semble... où l'ai-je pu voir ?... (*Haut.*) Pardon, monsieur. (*A part.*) Oh ! que je suis bête, il est muet !... (*Haut.*) La maison (*il regarde de tous les côtés*) a une excellente apparence... Les domestiques sont magnifiques... (*Regardant Dominique qui se promène fièrement.*) Celui-ci, notamment ; il ressemble à un personnage de haute comédie, et doit remplir auprès de sa maîtresse le rôle de confident ; cela avec d'autant plus de naturel qu'il en a toutes les qualités sans en avoir les défauts... puisqu'il est muet. (*Dominique sourit.*) Il s'agit maintenant de voir la personne qui est désignée dans le journal par ces mots : APPARTENANT AU SEXE FÉMININ... Appartenant au sexe féminin, c'est bien vague ! c'est bien élastique !... Est-elle demoiselle ? Est-elle veuve ? plus que veuve ? Enfin je vais la connaître... (*Il s'assied et regarde sa montre.*) Je suis exact ; il est midi. (*Tirant une lettre de sa poche.*) C'est l'heure qu'elle m'a fixée dans sa réponse. Qui diable va se présenter à moi ? Quelque tête de Méduse, sans doute...

DOMINIQUE, *à part, mais haut.*

Oh! (*Plus bas.*) Une tête de Méduse, par exemple!

ÉLOI, *se retournant.*

Je crois que le muet a parlé... (*Dominique s'approche d'Éloi et lui fait signe qu'il va chercher sa maîtresse. Ils se saluent.*)

DOMINIQUE, *à part, en sortant.*

Serait-ce monsieur Éloi. (*Il regarde Éloi.*) Bah! Tant de gens se ressemblent! (*Il sort par la porte de gauche.*)

SCÈNE VI

ÉLOI, *seul.*

(*Il se lève.*) Je voudrais cependant bien savoir si elle est veuve ou demoiselle... Ce point est très important pour moi... Je n'ai jamais eu du goût pour les deuxièmes éditions, elles m'ont toujours paru plus ou moins remaniées ou augmentées, et (*riant*) rarement corrigées. Je suis instinctivement porté vers celle-ci, bien que l'épreuve soit (*il montre la lettre en riant*) après la lettre.

RONDEAU

O veuve ou demoiselle!
Es-tu laide... es-tu belle?
De quel pays viens-tu?
Es-tu blonde, es-tu brune?
As-tu fait ta fortune
Au prix de ta vertu?
A l'altière Russie,
A l'ardente Italie
Livras-tu tes faveurs?
As-tu dans l'Allemagne,
En Suisse ou dans l'Espagne
Plumé tes protecteurs?

La perfide Angleterre
Fut-elle tributaire
De tes appas? Et puis,
Riche de tes carottes,
En roubles ou bank-notes,
Viens-tu dans ce pays
Faire la grande dame,
En devenant la femme
Du sot que tu choisis?
L'argent est un mobile
Qui séduit l'imbécile,
Et tu vas à Paris
Trouver bien des maris.
C'est trop, oui, je m'arrête,
Cette femme est honnête,
Car, je ne sais pourquoi,
Vers elle tout m'attire,
Et tout semble me dire
Qu'elle est digne de moi.

Ayons confiance en notre étoile... Voyez donc ce qu'est la destinée!... On m'a offert de brillants partis, parce que je suis bien posé, et aujourd'hui je réponds à la lettre d'une inconnue qui demande un mari!... Que l'homme est absurde!... Dans ma première jeunesse, je m'étais attaché à une jeune fille qui, par parenthèse, avait la manie de me donner des chiquenaudes sur le nez... Elle partit avec sa tante pour une ville où elle ne demeura que peu de jours. Depuis mon retour en France, j'ai fait toutes les recherches imaginables pour la retrouver. Qui sait où elle est, cette chère Amélie? Le billet que j'ai reçu est signé de deux lettres qui sont précisément les initiales d'Amélie. Oh! si c'était elle!... Mais on vient... *(Il regarde du côté par lequel entrera*

Amélie.) Que vois-je? Ce doit être la mère? Que dis-je la mère?... C'est plutôt la bisaïeule de la beauté qui veut se marier.

SCÈNE VII

ÉLOI, AMÉLIE (*contrefaisant une femme âgée, entre à petits pas et prend une prise de tabac. Dominique accompagne Amélie, salue et sort par la porte du fond.*)

ÉLOI, *s'inclinant.*

Madame est sans doute la mère de madame ou de mademoiselle A. I.?

AMÉLIE

Non, monsieur, c'est moi-même... (*Surprise et à part.*) Lui!...

ÉLOI, *à part.*

Oh! sapristi! voilà une tuile pour moi qui pensais revoir Amélie!... (*Haut.*) Quoi! c'est vous, madame, qui avez fait insérer... et qui m'avez écrit pour?...

AMÉLIE

Moi-même, je vous l'ai dit. (*A part.*) La rencontre est vraiment miraculeuse... Faisons en sorte de ne pas nous trahir, maintenant qu'il m'a vue sous cet accoutrement.

ÉLOI, *à part.*

Je tombe de mon haut! Tâchons de nous tirer le plus promptement d'ici. (*Haut.*) Madame est veuve? (*Il marche d'un air colère.*)

AMÉLIE

Je suis demoiselle, monsieur.

ÉLOI, *se modérant un peu.*

Et... (*embarrassé*) vous désirez vous marier après

avoir passé la plus grande partie de votre existence dans le célibat ?

DUO

A votre âge, mademoiselle,
Vous marier, c'est un peu tard ;
La nature est souvent rebelle
Aux vœux que forme le vieillard.

AMÉLIE

Et pourquoi donc du mariage
Me verrai-je exclue à présent ?
Ah ! pour l'hymen il n'est point d'âge,
Surtout quand on a de l'argent.

ÉLOI

Quand c'est l'intérêt qui nous lie,
Le bonheur s'éloigne de nous.

AMÉLIE

Quand par amour on se marie,
Notre sort n'est guère plus doux.

ENSEMBLE

Jamais vieillesse,
Malgré richesse,
Ne donnera
Ce que jeune âge
En mariage
Apportera.
Si notre vie
Est embellie
Par d'heureux jours,
C'est qu'elle laisse
A la jeunesse
Le privilège des amours.

AMÉLIE

Je crois cependant être encore d'un âge...

ÉLOI

Il est vrai que votre sexe a adopté cette maxime qu'une femme aimable est toujours jeune.

AMÉLIE

C'est aussi l'opinion du vôtre, c'est celle de l'ami de notre sexe, monsieur Michelet, qui a dit que la vieille femme n'existe pas. Il paraît que vous n'êtes pas de cet avis?

ÉLOI, *hésitant.*

Certainement qu'une femme aimable a encore des attraits. (*A part.*) Dans quel piége suis-je tombé, mon Dieu! (*Haut et embarrassé.*) Certainement qu'une femme peut être aimable à tout âge... Mais je désire trouver quelque chose de plus... ou de moins dans une compagne. Permettez-moi donc, mademoiselle, de vous présenter mes civilités. (*Il va pour sortir.*)

AMÉLIE, *à part.*

Amusons-nous. (*Le retenant.*) Monsieur, vous me plaisez précisément pour votre franchise. Pardonnez-moi cet aveu. Il faut que mon inclination soit bien vive pour oser, moi timide et innocente femme, vous faire une pareille déclaration... Puisque l'amour ne peut exister chez vous, accordez-moi votre amitié à défaut d'un sentiment plus doux, monsieur! Oui, je vous aime! (*Se rapprochant d'Éloi qui s'éloigne.*) Je t'aime!... Et si tu me repousses, je suis capable d'un crime. Un soir, au moment que tu rentreras chez toi, deux hommes masqués, te... v'lan... (*Faisant semblant de donner un coup de poignard.*) Et ni vu ni connu!... Oh! j'ai déjà fait expédier de fameux gaillards pour m'avoir dédaignée.

ÉLOI, *à part.*

Mais cette femme, qui se dit demoiselle, est pire que l'épouse de l'empereur Claude... C'est une Marguerite de Bourgogne. Faisons-lui peur. (*Haut.*) Puisqu'il en est ainsi, je vais me mettre sous la protection de la justice. Oui, mademoiselle, je vais faire ma déclaration au commissaire ; je lui dirai (*s'animant*) qu'une femme, usant du plus noble et du plus sacré des priviléges que la liberté nous ait donné, celui de manifester sa pensée par la voie de la presse, n'a employé ce salutaire moyen que pour attirer des êtres confiants, afin de les séduire (*d'un air grave*) par la violence. (*Avec dignité.*) Cet acte-là, mademoiselle, tombe sous le coup de l'article 331 du Code pénal qui punit le coupable de la réclusion... Ça vous va-t-il ?

AMÉLIE

On ne vous croira pas.

ÉLOI

Et pourquoi ?

AMÉLIE, *lui donnant un papier*

Lisez ; vous verrez l'état de ma fortune... Avec cette somme-là on trouve des maris. (*L'observant du coin de l'œil.*)

ÉLOI, *à part, lisant.*

Fichtre ! cette femme est deux fois millionnaire... (*Haut.*) Mais que m'importe, à moi, votre fortune ; moi aussi je suis bien posé, très bien posé, j'ai ma petite affaire !

AMÉLIE

Voyons ! calmez-vous et causons comme de vieux amis. (*Lui présentant sa tabatière.*) En prenez-vous ?

5

ÉLOI

Dieu m'en préserve !

AMÉLIE

Vous préférez fumer... Fumez, monsieur, ne vous gênez pas.

ÉLOI

C'est ce que je fais ! c'est ce que je fais !... quelquefois.

AMÉLIE

Oh ! le cigare !... la pipe !... voilà des ennemis de la femme !... Il n'en était pas ainsi autrefois : la tabatière nivelait les conditions, rapprochait les sexes, faisait...

ÉLOI

Éternuer.

AMÉLIE, *soupirant.*

Ah ! autrefois...

ÉLOI, *soupirant.*

Oui, du temps du roi Dagobert.

AMÉLIE

Sous ce roi-là on ne fumait pas. Vous parlez de Dagobert, vous oubliez son ministre Éloi, qui est votre patron, monsieur.

ÉLOI, *surpris.*

Comment ! vous savez mon nom ?

AMÉLIE

Par intuition.

ÉLOI

Il est vrai que je m'appelle Médard Éloi ; si ce sont de vilains noms, ce n'est pas ma faute : j'aurais choisi beaucoup mieux, si l'on m'eût consulté.

AMÉLIE, *à part.*

Plus de doute, c'est bien lui. (*Haut.*) Monsieur est dans

l'industrie? Êtes-vous raffineur de sucre ou fabricant de noir... animal?

ÉLOI, à part.

Je crois que cette femme se moque de moi pour se venger de mon refus... Le beau sexe ne pardonne jamais l'indifférence et surtout le dédain. (*Haut.*) Je suis... (*Cherchant le mot.*)

AMÉLIE

Chapelier ou bottier?

ÉLOI

Je suis fabricant de petites pompes pour entretenir la santé. (*A part.*) Attrape!..

AMÉLIE, *réfléchissant.*

Je ne me pénètre pas bien...

ÉLOI

De mon idée... ce sont les instruments que Molière a mis sur la scène, et qui jouent un si grand rôle, comme accessoire, dans *M. de Pourceaugnac.*

AMÉLIE

Fi donc!... cet état est bien bas...

ÉLOI

Pas trop, il me semble qu'entre un bottier et un chapelier, je tiens le juste milieu... Je vous quitte, mademoiselle; mais, avant de me séparer de vous, mon devoir est de vous engager à rester dans le célibat, si vous ne voulez pas être victime d'un horrible calcul: l'homme que vous épouseriez n'aurait qu'un but, celui de posséder votre argent, et un désir, celui de devenir veuf le plus tôt possible.

AMÉLIE, *d'un ton dramatique*

Triste! triste! mais quelle sera mon existence? Vivre seule (*s'approchant d'Éloi*), sans affection. (*Avec sentiment.*) Moi qui ai tant besoin d'aimer!... Oh! c'est impossible! (*Avec intention.*) Et puis à qui laisserai-je mes deux millions? (*Elle l'observe.*)

ÉLOI

Si j'avais votre âge et votre fortune, je me dirais:

COUPLETS

Puisque le ciel m'a donné la richesse,
Appliquons-nous à seconder ses vœux:
Semant la joie où règne la tristesse,
Sur mon chemin je ferais des heureux.

Je me dirais: Montons vers la mansarde,
Là des enfants sont peut-être sans pain;
Leur mère est morte... Eh bien! moi, je les garde:
Tous, grâce à moi, seront riches demain.

Je me dirais: Les fils de ma patrie
Versent leur sang pour soutenir nos droits;
Vite au travail... faisons de la charpie,
Pour que chacun survive à ses exploits.

Je me dirais: Soyons la Providence
De vingt talents jeunes et méconnus;
Les protéger, c'est donner à la France,
Pour ses beaux arts, quelques gloires de plus.

Je me dirais: Veillons sur les familles,
Et par nos dons chassons le suborneur
Qui vient offrir de l'or aux pauvres filles;
Comme si l'or pouvait payer l'honneur.

AMÉLIE

Vous le savez, dans le siècle où nous sommes,
Souvent le bien ne fait que des ingrats.

ÉLOI
Si nos bienfaits sont oubliés des hommes,
Croyez que Dieu ne les oubliera pas.

ENSEMBLE
Puisque le ciel m'a donné la richesse, etc., etc.

AMÉLIE
Vous avez un excellent cœur, monsieur!...

ÉLOI
Faire le bien c'est la plus grande satisfaction que Dieu ait accordée à l'homme. Suivez mon conseil. J'ai bien l'honneur... (*Il salue et se dispose à sortir.*)

AMÉLIE, *le retenant.*
Encore un mot... Vous êtes de Grenoble? Vous avez quitté votre pays, il y a douze ans, avec un modeste avoir que votre ordre et votre travail ont dû augmenter?

ÉLOI
En effet, j'ai aujourd'hui ma petite affaire. (*A part.*) Cette femme est une spirite ou une tireuse de cartes.

AMÉLIE
Vous souvenez-vous d'une jeune fille qui vivait avec sa tante?

ÉLOI, *surpris.*
Amélie Imbert?

AMÉLIE
Précisément.

ÉLOI
C'était un petit démon, une véritable espiègle qui avait la passion de me donner des chiquenaudes... (*Il imite le geste.*) Je suis même persuadé que je dois à cette habitude les vastes proportions de mon organe olfactif. (*Montrant son nez.*) Oh! si vous savez où est Amélie,

dites-le moi, il n'est sacrifices que je ne fasse pour la revoir et lui offrir ma main.

AMÉLIE

Assez, monsieur, je vous en prie!.. Oser m'avouer que vous aimez une autre femme, c'est être bien cruel!... Voulez-vous voir le portrait de cette Amélie que je déteste, maintenant que je connais votre attachement pour elle? Entrez dans cette pièce (*indiquant la porte de gauche*) et vous le trouverez... (*Il entre vivement à gauche.*) Ce bon Éloi!... (*attendrie*) il ne m'a pas oubliée!...

ÉLOI *rentre, en tenant le portrait.*

CANTABILE

Charmant portrait, riante image,
Toi qui fais tressaillir mon cœur,
M'apportes-tu le doux présage
De sa constance et du bonheur ?
    Bouche mutine,
    Front large et pur,
    Grands yeux d'azur,
    Candeur divine,
Je vous retrouve, oh! c'est bien vous!...
Mais où donc est votre modèle,
Afin que je puisse, fidèle,
Le contempler à deux genoux ?

ENSEMBLE
AMÉLIE, *à part.*

Charmant portrait, riante image,
Toi, qui fais tressaillir $\genfrac{}{}{0pt}{}{\text{mon}}{\text{son}}$ cœur,
$\left.\genfrac{}{}{0pt}{}{\text{Tu m'apportes}}{\text{Apportes-lui}}\right\}$ le doux présage
$\left.\genfrac{}{}{0pt}{}{\text{De sa}}{\text{De ma}}\right\}$ constance et du bonheur.

ÉLOI

Qu'elle est belle ! Au nom du ciel ! dites-moi où est cette femme ; car, plus je la vois, plus je comprends qu'il me sera impossible de vivre sans elle ? (*Regardant le portrait.*) Chère Amélie, n'est-ce pas avec toi que j'ai passé les beaux jours de ma jeunesse ? L'affection que je t'avais vouée était pure comme le premier sourire de l'enfant, et ce sentiment, malgré les douze années que j'ai vécu loin de toi, n'a pas cessé de régner dans mon cœur... Oh ! laisse-moi t'embrasser !

AMÉLIE, *émue, s'appuyant sur le dossier du fauteuil.*
Vous l'aimiez donc bien ?

ÉLOI

Demandez au poète s'il aime ses œuvres, au vieillard s'il aime la vie, à la mère si elle aime son enfant, et vous aurez ma réponse ; car cette jeune fille était tout pour moi.

AMÉLIE

Monsieur, de grâce, épargnez ma sensibilité !... Me voir délaissée... (*Elle se laisse tomber sur un fauteuil.*) Oh ! je me trouve mal !...

ÉLOI, *à part.*

Vieille folle !... Elle dit qu'elle se trouve mal, moi je la trouve horrible.

AMÉLIE

Par pitié ! débarrassez-moi, je vous en supplie, de ce châle, de ce chapeau, si vous ne voulez pas avoir à vous reprocher ma mort... Oh ! j'étouffe ! (*Elle paraît évanouie.*) J'étouffe !...

ÉLOI, *à lui-même.*

Allons, Éloi ! en qualité d'archéologue, aie soin des

vieux monuments !...(*Il ôte le châle.*) Quelles jolies mains a cette vieille ! Quelle taille ! quel sein !... De la modération, Éloi !... n'imite pas les Vandales et respecte les antiquités. Est-il possible qu'une femme aussi âgée possède de pareilles formes ? Ça doit être postiche... (*S'éloignant.*) O déballage ! que de déceptions ne causes-tu pas ! Cette exclamation fut poussée le soir de ses noces, par un de mes amis, opticien distingué, qui avait trouvé un contenu (*il indique, par un geste, les formes d'une femme*) peu en rapport avec le contenant. (*Il se rapproche d'Amélie, en la regardant.*) Et dire que la loi frappe le faux monnoyeur et n'atteint pas les corsetières et les tailleuses, pour les faussetés et les mensonges qu'elles nous donnent comme des réalités !... (*Il ôte le voile et le chapeau et tombe à genoux, frappé d'admiration.*) Sommes-nous revenus au temps des bonnes fées ? Est-ce un rêve ? une vision ? Comme elle lui ressemble !... Amélie, serait-ce toi ? Réponds à ton ancien ami, tu sais, Éloi ? (*Elle ouvre les yeux et, en éclatant de rire, lui donne une chiquenaude.*) Le doute n'est plus permis ; cette chiquenaude est une réalité. (*Il lui baise les mains.*) O ma chérie, tu es toujours bien belle !... Je vois que mon pressentiment ne me trompait pas quand il me disait : tu seras un jour l'époux d'Amélie.

AMÉLIE

Tu m'aimes donc toujours ?

ÉLOI

Comme un insensé ! (*Il l'embrasse et se relève.*) Mais, dis-moi, es-tu veuve ou demoiselle ?

AMÉLIE, *se levant.*
Demoiselle.
ÉLOI
Oh! que cette réponse me fait du bien!.. (*A part.*) Une première édition, quelle chance! (*Haut.*) Explique-moi donc pourquoi tu as pris ces vêtements de vieille? C'est encore une de tes espiègleries. (*Dominique entr'ouvre la porte du fond et écoute.*)
AMÉLIE
Ne connaissant pas celui à qui j'ai adressé ma réponse, j'ai voulu l'éprouver en m'affublant de ce costume; si j'eusse pensé que c'était Éloi (*elle le regarde amoureusement*) je me serais montrée telle que je suis... Je sais... (*A ce nom d'Éloi, Dominique fait un mouvement et, après un moment d'hésitation, descend précipitamment la scène.*)

SCÈNE VIII
LES MÊMES, DOMINIQUE
DOMINIQUE
Oh! je ne puis plus garder le silence. (*A Amélie.*) Éloi, avez-vous dit, Éloi? où est-il ce brave enfant? (*Il se tourne et voit Éloi.*) Ah! monsieur Éloi, c'est donc vous?
ÉLOI, *surpris.*
Toi?... mon bon Dominique!... Viens dans mes bras, mon vieil ami, car toi aussi tu as une place dans mon cœur. (*Ils s'embrassent.*)
DOMINIQUE, *chancelant.*
Oh! monsieur Éloi... votre présence... (*Amélie et Éloi le soutiennent.*) Pourquoi donc le bonheur cause-t-il de pareilles émotions? Dieu a exaucé nos vœux. (*A Amélie.*)

Monsieur Éloi va devenir votre époux, vous serez heureuse... Mademoiselle, je puis mourir maintenant, je n'ai plus rien à désirer pour vous.

AMÉLIE, émue.

Non, Dominique, tu ne mourras pas... tu seras l'ami de nos enfants, comme tu as été le nôtre .. Qui mieux que toi leur apprendrait à aimer, à devenir honnêtes gens?

DOMINIQUE

N'auront-ils pas leur père et leur mère?

ÉLOI, lui tendant la main.

Tu vivras, Dominique...

DOMINIQUE

Croyez bien, monsieur Éloi, que je ne demande pas mieux, surtout lorsque je considère ce que je perdrais en vous quittant.

ÉLOI (*)

Chère Amélie! allons-nous être heureux, tous trois! (*Prenant la main d'Amélie et celle de Dominique.*) Qu'on me dise encore que les journaux n'ont pas un bon côté!

AMÉLIE, riant.

Oui, le côté des annonces.

TRIO FINAL

AMÉLIE

Cette singulière rencontre,
Mon cher ami, nous démontre
Que bien souvent notre bonheur
Vient du hasard...

(*) AMÉLIE, ÉLOI, DOMINIQUE.

ÉLOI

C'est une erreur !...
Sans cause rien n'arrive sur la terre,
Et n'y demeure sans effet ;
En douter, ce serait, ma chère,
Croire que Dieu pour l'homme n'a rien fait.

DOMINIQUE (')

Le hasard n'est qu'une chimère.
(A Amélie.)
Ce bonheur vous le pressentiez,
Lorsque ce matin vous chantiez :
« Souvent ce que le cœur souhaite
« Survient quand on ne l'attend pas.
« Ce soir, sous tes habits de fête,
« Peut-être bien que tu riras. »

ENSEMBLE

Les vœux de notre/leur enfance
Sont comblés aujourd'hui,
Et sur notre existence
Un nouveau jour a lui.
Pour notre / Ah ! pour ce } mariage,
Désiré par tous deux,
Le passé nous/leur présage
Les jours les plus heureux.

(Ils se donnent la main et saluent.)

RIDEAU

(1862)

(') DOMINIQUE, AMÉLIE, ÉLOI.

UNE FOIS N'EST PAS COUTUME

OPÉRETTE

Musique de J.-B. DE CROZE.

~~~~~~

*Représentée pour la première fois au Théâtre Chave
le 18 mars 1865.*

~~~~~~

Mise en scène de M. GIREL.

PERSONNAGES :

Athanase POULICHON, en habit noir, un énorme faux nez	M. DEFOYE.
Pétronille POULICHON, en domino noir, puis en débardeur	M^{de} HUREL.
Premier garçon de restaurant	M. X.
Deuxième garçon	Personnage muet.

UNE FOIS N'EST PAS COUTUME

Salon ouvrant sur une salle éclairée pour un bal.

SCÈNE PREMIÈRE.

POULICHON, *seul.*

(*Il entre en dansant, et s'adresse au public.*)

Messieurs (*il se découvre et salue*), j'ai l'honneur de vous présenter monsieur Athanase Poulichon, médecin vétérinaire et membre de plusieurs sociétés savantes. Messieurs, je suis marié et ne m'en plains pas !... Cet aveu vous paraît peut-être extraordinaire ?... Voilà dix ans que je vis comme un coq en pâte avec une femme qui est d'une fidélité, d'une bonté et d'une beauté comme il y en a peu. C'est un vrai trésor de femme !... Seulement, il faut avec elle marcher droit sous le rapport de la constance. Nous autres hommes nous ne savons réellement pas ce que nous voulons ! Je suis heureux, et cependant ce bonheur commence à me peser !... Imbu de ce dicton populaire : « Du bouilli et toujours du bouilli, » je cherche aujourd'hui à me procurer le rôti. Voilà pourquoi, oubliant mes serments, je me trouve au grand bal pour me livrer à ma petite fantaisie !... Que voulez-vous, je suis capricieux!... C'est, dit-on, le faible des jolies personnes!... La grande affaire pour moi était de passer une nuit loin de mon ménage... Un docteur en médecine a mille prétextes; mais un vétérinaire, que pouvait-il faire valoir?... J'ai inventé une histoire et j'ai dit à ma femme : « Pétronille, ma Lolotte, il faut que tu m'accordes cette nuit pour aller soigner mon ami Grenouillot qui est sérieusement malade!... Mes connaissances médicales — un vétérinaire s'y connaît — m'ont valu sa confiance. Tu comprends, ma belle Pétronille, que je ne puis faire autrement! Un ami, c'est sacré! Crois que c'est bien douloureux pour moi qui t'adore, qui te... et cætera, et cætera!... » Ma femme a gobé ça!... Les femmes ne vivent que d'illusions; dites-leur qu'elles sont belles, que vous les aimez à la folie, et vos mensonges deviendront pour elles des vérités.

PREMIER COUPLET

La femme veut qu'on l'encense,
Qu'on la loue à tout propos.
Pour gagner sa confiance
Et garder votre repos,
Dites-lui qu'elle est charmante,
Admirable, ravissante...
    Après vous verrez
    Que vous lui ferez
Croire ce que vous voudrez.

DEUXIÈME COUPLET

Oh! dites-lui que pour elle
Vous brûlez de mille feux,
Que vous lui serez fidèle
Sur la terre... (*riant*) et même aux cieux.
Montrez-vous d'humeur jalouse,

Ça flattera votre épouse.
Après vous verrez
Que vous lui ferez
Croire ce que vous voudrez.

Allons! (*On aperçoit dans la salle du fond se promener un domino noir.*) Il faut que cette nuit, rien que cette nuit, je m'émancipe... légèrement. (*Le domino s'arrête au seuil de la porte et fait un mouvement de colère en voyant Poulichon. Le domino semble l'écouter.*) Tâchons de faire un fin souper avec une Rigolboche quelconque!... Ma femme n'en saura rien. Mon faux-nez me met à l'abri d'une reconnaissance indiscrète. Une petite infidélité après dix ans de mariage... ce n'est pas trop, je pense...; il y a bien des maris qui n'ont pas attendu si longtemps... (*Se retournant.*) Mais voilà un gentil domino! Attention, Athanase! montre-toi à la hauteur des circonstances!... J'ai de l'argent pour faire face à ma fredaine. Avec la poche garnie et du toupet, le reste vient tout seul.

SCÈNE II.

POULICHON, PÉTRONILLE, *en domino noir.* (*Elle paraît chercher.*)

POULICHON

Beau masque! tu cherches quelqu'un?

PÉTRONILLE (*)

Hélas! oui, un gredin, un monstre, oh! si je le tenais!

(*) Il n'est pas nécessaire que Pétronille ait toujours le visage couvert de son masque. Elle ne doit le mettre que lorsque son mari la regarde. L'actrice chargée d'interpréter ce rôle comprendra l'intention de l'auteur.

POULICHON

Fichtre! (*A part.*) Profitons de ses bonnes dispositions!... C'est lorsque la femme est le plus en colère que l'on réussit auprès d'elle. (*Haut.*) Beau masque, si j'étais assez heureux pour être le confident de tes chagrins, je te demanderais...

PÉTRONILLE

Vous, fi donc!...

POULICHON, *à part.*

Me connaîtrait-elle!.. (*Haut.*) Tu peux parler sans crainte. (*Il la regarde avec attention.*) Quel chic!.. (*A part.*) Ce domino doit cacher une superbe créature, quelqu'un de huppé..., une princesse russe!... (*Haut.*) Belle Madame! mon cœur près de vous est dans la jubilation, il ne se contient plus; il ne dépendrait que de vous de me rendre... (*A part.*) Le mot ne me vient pas.

PÉTRONILLE

Monsieur, cessez, je vous prie, ce langage, mes oreilles n'y sont point habituées. (*A part.*) Faisons-le parler. (*Haut.*) Mais qui êtes-vous pour m'adresser ainsi la parole?

POULICHON

Qui je suis!.. J'ai 25,000 francs de rente. (*A part.*) Ce doit être le principal pour elle...

PÉTRONILLE, *après l'avoir regardé.*

Vous, 25,000 francs de rente? Farceur! je vous connais et vous pouvez, avec moi, vous priver de votre nez de carton. Dernièrement, monsieur Poulichon (*Poulichon fait la grimace*), je vous ai confié une chienne que vous m'aviez promis de guérir. Votre traitement a été si efficace, que ma pauvre levrette est morte au bout de trois jours.

POULICHON, *à part.*

Je suis pincé. (*Haut.*) Je l'ai guérie des souffrances de ce monde. Oh! madame! la mort est une bien grande consolation!.. (*A part.*) Sauvons l'art médical maintenant!... (*Haut.*) Votre chienne était atteinte d'une affection devant laquelle la science est impuissante. Son état réclamait beaucoup de distractions, il lui fallait ce qui manque souvent au cœur humain, au mien, par exemple, dans ce moment-ci ; il lui fallait un être qui pût comprendre son mal!.. Nous avons été créés pour aimer, c'est un tribut que nous devons payer à la nature!... Oh! je sens, beau masque, en m'approchant de vous, toute la vérité de mon raisonnement... En privant votre chienne des voluptés vers lesquelles son cœur l'entraînait, vous l'avez tuée, vous l'avez impitoyablement assassinée !... Quand on aime sans espoir, le dégoût de la vie amène le marasme, l'épuisement (*d'une voix caverneuse*) et la mort! L'homéopathie seule a des remèdes énergiques contre cette terrible maladie. Employons-les donc, madame !.. Je vous aime... et votre amour peut seul me sauver. *Similia similibus curantur!*... O homéopathie ; dis à cette femme qu'à mes *similia* il faut ses *similibus!*... Je t'aime, beau masque !.. et je suis sûr que tu ne me laisseras pas mourir comme ta chienne!... (*A part.*) Ouf!... cette tirade m'a fait suer!.. Je changerais volontiers de gilet de flanelle.

PÉTRONILLE

Taisez-vous, monsieur, de pareils discours sont horribles dans la bouche d'un homme marié!

POULICHON

Eh bien ! oui ! je suis marié, et qu'importe après tout !...

ENSEMBLE

POULICHON

Tendre amour,
En ce jour,
Oubliant ma femme,
Ah ! je veux
De tes feux
Enivrer mon âme !
Qu'un minois
A ma voix
Réponde et sourie ;
Cette nuit,
Je l'ai dit,
Est ma dernière folie.

PÉTRONILLE, *à part.*

Ton amour,
En ce jour,
N'est plus pour ta femme.
Ah ! je veux
De tes feux
Délivrer ton âme !
Ce minois,
Mon grivois,
Mettra son génie,
Cette nuit,
A profit,
Pour châtier ta folie.

PREMIER COUPLET

POULICHON

On dit que l'uniformité
Rend souvent notre esprit malade ;
Après longue fidélité,
Je me permets une escapade.

De l'hymen oubliant les lois,
Je cède au feu qui me consume ;
Hélas! c'est la première fois,
Mais une fois n'est pas coutume!..
(Reprise de l'ensemble.)

DEUXIÈME COUPLET

PÉTRONILLE

Loin de ses foyers s'amuser,
C'est se livrer à la tempête :
Votre femme peut exposer
A certains dangers votre tête.
Elle peut *(appuyant)*, par les mêmes droits,
Partager les feux qu'elle allume
Et vous faire... rien qu'une fois!..
(Elle se gratte le front)
Mais une fois n'est pas coutume.
(Poulichon hausse les épaules et fait un signe négatif.)
(Reprise de l'ensemble.)

PÉTRONILLE

Fort bien! c'est donner beau jeu à votre femme!

POULICHON

Ma femme!.. Oh! je suis tranquille sur elle!...

PÉTRONILLE, *riant.*

Allons, je vois que vous êtes un mari... complaisant!...

POULICHON, *vivement.*

Complaisant, moi?

PÉTRONILLE

Mais oui; car, pendant que vous êtes au bal, votre femme est avec...

POULICHON

C'est faux, madame! Ma femme dort du sommeil le

plus calme sous le toit conjugal... Elle rêve, j'en suis sûr, à son Athanase Poulichon !

PÉTRONILLE

Auprès d'un beau gandin, sans doute ! Oh ! que les maris sont bêtes ! ils ignorent toujours ce qu'ils devraient savoir les premiers !.. Apprenez, monsieur, que je viens de rencontrer madame Poulichon avec un charmant jeune homme qui la serrait de près, je vous en réponds !... (*Elle l'observe*)

POULICHON, *à part.*

Serait-ce possible ? Courons nous assurer de la vérité. Oh ! je suis dans l'huile bouillante !... (*Otant son nez.*) Rendons la liberté à notre appendice nasal... (*Haut.*) Où diable mettre mon nez ? Il y a des gens, madame (*avec intention*) qui fourrent le leur partout, et moi je ne sais où fourrer le mien !... Dans mon chapeau... Non, là (*il le met dans sa poche de derrière*), il sera mieux... Je vais voir ça, et si vous m'avez menti, oui, si vous m'avez menti (*la menaçant*), songez que je suis médecin vétérinaire, et (*Il chante sur l'air de* la Dame Blanche.)

Prenez garde (*bis*),
La médecine vous regarde,
La médecine vous attend !...

PÉTRONILLE

Ne manquez pas aussi d'aller soigner M. Grenouillot ! vous savez, votre ami (*avec intention*) qui est dangereusement malade !

POULICHON, *la regardant et à part.*

Cette femme est peut-être somnambule ! (*Haut.*) Je cours et je reviens.

SCÈNE III.

PÉTRONILLE, *seule.*

(*Elle ôte son masque.*) Tout cela, monsieur Poulichon, n'est que le premier chapitre de la leçon que je me propose de vous donner!... Ayez donc confiance aux hommes!... Mon mari m'avait dit qu'il irait veiller son ami Grenouillot, un naturaliste, un empailleur d'oiseaux, qui se porte comme le Pont-Neuf... J'ai eu l'idée de faire suivre monsieur mon mari, et j'ai appris qu'il était au grand bal. Alors, cachée sous ce domino, je suis venue pour le surprendre et me venger, car il faut que je me venge! Oh! les hommes! et dire que la femme a toujours été victime de leur perfidie!... Il y en a bien, à la vérité, quelques-unes qui le leur rendent!... Mariez-vous donc; vous êtes à vos devoirs, vous supportez leur mauvaise humeur, et ces messieurs viennent faire les aimables auprès de certaines femmes dont tout le mérite est précisément dans le laisser-aller qui déshonore notre sexe!... Les hommes sont curieux! ils veulent que leurs femmes soient honnêtes, mais ils désirent que celles des autres ne le soient pas! Monsieur Poulichon! sachez qu'il est plus facile d'être une Rose Pompon, une Marco, que d'être une Lucrèce!.. C'est près de ces dames que les maris vont chercher les plaisirs grossiers que l'hymen doit leur refuser... Cela nous fait honneur!.. Lorettes, mes toutes belles, je veux aujourd'hui tâcher de vous imiter!... Je veux prendre vos allures, votre langage pour corriger mon mari. Ah! M. Poulichon! vous aimez le croustillant, le décolleté, on vous en servira!... Puis une fois que votre imagination sera exaltée, et que vous viendrez, dans toute l'effervescence de votre passion, me supplier de céder à vos désirs, la courtisane se démasquera, et vous reconnaîtrez votre épouse!... Votre infidélité constatée, ma vengeance sera satisfaite... (*Après réflexion.*) Saurai-je jouer ce rôle ?... Oui (*résolûment*), je le jouerai !... Le bonheur de mon ménage l'exige. Il faut sauver un mari ! (*Se retournant.*) Le voici !... Allons vite nous costumer pour notre grande scène !... (*Elle sort.*)

SCÈNE IV.

POULICHON, *seul.*

(*Il entre en dansant et se frottant les mains.*)

Remettons notre nez. Ce domino s'est moqué de moi, il me le paiera. Il est vrai que ma femme, d'après ce que j'ai appris, est allée jouer au loto chez ma belle-mère, madame René... Le loto !.. va, va, ma chère Pétronille, jouer au loto !... Chacun son goût ! moi je préfère les dominos. (*Il cherche.*) A propos, où est passé celui qui a voulu m'intriguer (*riant*), celui dont j'ai si bien traité la chienne ? Je puis donc jouir tranquillement de ma nuit avec mon domino noir ! Mais je ne le vois plus !... C'est égal, je suis tourmenté. (*Il s'assied.*) Qui sait si ma femme est bien réellement chez sa mère... si... Oh ! non !... c'est impossible !... (*Il se lève.*) Pétronille n'est pas capable !... (*Il gesticule en se promenant ; un débardeur entre, et suit des yeux les mouvements de Poulichon.*) Ah ! bah ! n'ayons pas de pareilles idées ! (*Il se tourne.*) Tiens, voilà un petit débardeur qui semble me faire de l'œil... Poulichon, prépare tes batteries !...

SCÈNE V.

POULICHON, PÉTRONILLE, *en débardeur*, puis DEUX GARÇONS *de restaurant.*

PÉTRONILLE

Dis donc, qu'est-ce que tu fais là, toi ? tu as l'air de ne pas trop t'amuser ?

POULICHON

Loin de toi, débardeur, il n'est pas étonnant que l'on s'ennuie.

PÉTRONILLE

C'est gentil ce que tu me dis là.

POULICHON

Je t'en dirais bien davantage si nous étions entre quatre yeux.

PÉTRONILLE, *minaudant.*

Tu ne danses pas ?

POULICHON

La danse m'enflamme, m'enivre, me donne de tels désirs, que je préfère y renoncer. (*On entend un quadrille.*)

PÉTRONILLE

Allons donc ! peux-tu résister aux accents mélodieux que l'orchestre fait entendre !... En avant ! (*Pendant qu'ils dansent, le pied de Pétronille effleure à différentes reprises le nez de Poulichon.*)

POULICHON, *à part.*

Cré dié !... quelle gaillarde ! En voilà une par exemple qui sait pratiquer le lever de la jambe à la hauteur de l'œil !

PÉTRONILLE

Eh bien! tu ne continues pas? Mais que viens-tu faire au bal?

POULICHON, *à part.*

Qui sait si ma femme est bien chez ma belle-mère, madame René?...

PÉTRONILLE

Tu ne réponds pas?

POULICHON, *à part.*

Elle est peut-être? (*Haut.*) Je viens pour... (*A part.*) Elle est peut-être!... Ah bah! (*Haut.*) Je viens pour y rencontrer celle qui doit me conduire dans un monde de délices! O charmant débardeur! délivre-moi de cet abominable loup qui me cache les traits séduisants!... car tu dois être belle, tu as un pied! (*il lui prend la main*) une main!... Oh! tu es faite pour me transporter au septième ciel!..

PÉTRONILLE, *à part.*

Oh! le monstre! (*Avec colère.*) Je suis laide, monsieur, très laide!...

POULICHON, *à part.*

Soyons galant et tournons-lui un joli compliment.

PREMIER COUPLET

Ah! pourquoi dire je suis laide?
Quand je trouve en toi la beauté;
Ne plaît-on pas lorsqu'on possède
L'esprit et l'amabilité?
Si l'on s'habitue au visage,
Toujours l'esprit a du nouveau.
J'admire bien plus le ramage
Que les plumes dans un oiseau!...

(*A part.*) Tiens, ce n'est pas mal pour un vétérinaire qui est matérialiste par état !...

DEUXIÈME COUPLET
PÉTRONILLE

Moi, je suis d'un avis contraire !...
Le sexe qui vient en ces lieux,
A l'esprit aimable préfère
Ce qui lui fait ouvrir les yeux :
(*Elle indique le gousset de Poulichon.*)
Les femmes, pensant au fromage
Qu'à son bec tient maître corbeau,
Recherchent bien moins le ramage
Que les plumes dans un oiseau.
(*Faisant signe de donner de l'argent.*)

(*A part.*) Attrape ça, en attendant mieux !

POULICHON, *à part.*

Cette femme doit aimer l'argent... Elle me le dit trop clairement pour me laisser le moindre doute. (*Haut.*) Beau débardeur, si j'étais assez heureux pour t'offrir le ramage et le plumage ? (*D'un ton dramatique.*) Qu'en dis-tu ?

PÉTRONILLE

Pour qui me prends-tu donc ? Avec le nez que tu as, tu devrais comprendre que je ne suis point faite pour t'écouter !...

POULICHON

Quand une femme vient au grand bal, je pense que ce n'est pas pour broder des pantoufles.

PÉTRONILLE

Oh ! non !... Et toi pourquoi y viens-tu ?

POULICHON

Pour y faire un bon souper, en compagnie d'une aimable biche.

PÉTRONILLE

Dont tu voudrais devenir le cerf... cet heureux animal qui porte sur sa tête... (*Indiquant la ramure du cerf, et à part.*) Je le tiens... (*Haut.*) Pour y faire un bon souper... Ton nez, cette fois-ci te met sur la bonne voie !... Un souper avec du champagne frappé, n'est-ce pas ? (*Minaudant.*) Oh! oui! souper... là, en tête-à-tête... une dinde truffée et toi... Oh! c'est à en mourir de bonheur !...

POULICHON, *à part, la regardant.*

Elle me paraît portée sur la bouche! (*Haut.*) Alors tu acceptes ?

PÉTRONILLE

Oh! monsieur! vous abusez d'une pauvre femme qui a eu le malheur de vous voir et de vous entendre !...

POULICHON

Sois sans crainte, ô débardeur de mon cœur !..

PÉTRONILLE

Mais je ne vous connais que depuis un instant... Une honnête femme ne peut pas écouter un homme sans savoir qui il est.

POULICHON

Il est clair qu'une honnête femme ne peut pas !... (*Il rit.*) Tu me demandes qui je suis? (*A part.*) Que lui dire ?... (*Haut.*) Ah!... je fais la banque.

PÉTRONILLE

Êtes-vous banquier ou banquiste ? Quel genre de banque, la grande ou la petite ?

POULICHON
La grande!...
PÉTRONILLE
Je ne sais pas trop quel degré de confiance on doit accorder aujourd'hui à un banquier!... Une femme est un être si faible... Vous comprenez qu'avant de... on tient à se connaître...
POULICHON
Toutes les femmes n'ont pas cette retenue!... Serait-ce à mon tour montrer de l'indiscrétion que de te demander qui?...
PÉTRONILLE
C'est être un peu exigeant; mais puisque vous êtes franc avec moi, je le serai avec vous!... Songez que je vais vous sacrifier ma réputation, ma vie (*avec fierté*), ma vertu!...
POULICHON, *surpris.*
Vrai! tu vas me sacrifier tout cela?... Eh bien! franchement, je ne m'y attendais pas!... Continue.
PÉTRONILLE
Je suis mariée!...
POULICHON
Bigre! que m'apprends-tu là? (*A part.*) Tant mieux, ce sera plus drôle!... (*Haut.*) Et ton mari, quel est son état?
PÉTRONILLE
Docteur en médecine.
POULICHON, *à part.*
Sapristi! qui sait si Esculape ne me maudira pas!... Car un médecin est le cousin d'un vétérinaire. O amour, inspire-moi et fais comprendre au Dieu d'Épidaure

combien ma position est embarrassante ! Le sort en est jeté... Ma foi, tant pis pour le mari !... qu'il soit allopathe ou homéopathe, peu m'importe !... (*Haut.*) Belle inconnue, ôte ton masque ! je brûle de contempler ton visage qui doit être ravissant ; j'ai soif de mirer mes yeux dans tes yeux qui doivent être...

PÉTRONILLE

Noirs ou bleus !... Je l'ôterai plus tard... au dessert... (*A part.*) C'est là que je t'attends. (*Haut.*) Je suis si timide !...

POULICHON. (*Il tire de sa poche un crayon et du papier, puis il appelle.*)

Garçon ! garçon !

LE GARÇON, *entrant.*

Monsieur appelle ?

POULICHON

Une table et deux couverts. (*Après avoir écrit.*) Voici le menu. (*Le garçon sort.*)

PÉTRONILLE

Tu commandes déjà le souper ?

POULICHON

C'est que je suis un volcan !... je suis un canon chargé à mitraille : dès que le feu approche de la lumière, il faut qu'il parte. (*A part.*) O brigand d'Athanase, es-tu heureux ! Si ta femme te voyait... (*Haut.*) Mais, séduisant débardeur, tu ne m'as pas dit ton nom ! Tu sais, ce nom, ce petit nom que l'on prononce en se becquetant comme des tourterelles ?

PÉTRONILLE

Moi, je ne becquette que les truffes !

POULICHON, *à part.*

Cette femme est sans doute la petite-fille de Gargantua.)

(*Deux garçons apportent une table dressée.*)

LE GARÇON

Monsieur est servi. (*En sortant, il donne un coup de pied au garçon qui goûte d'un plat.*)

Comment le trouves-tu ?

(*Le 2° garçon sort avec le premier, en se frottant le bas du dos.*)

POULICHON, *voyant la table.*

Ah ! bravo ! à table ! et vive l'amour ! (*Ils se mettent à table.*) (*).

PÉTRONILLE, *à part.*

Voici le moment ! (*Haut.*) A table ! et vivent les truffes ! (*Ils mangent.*)

POULICHON, *à part.*

C'est maintenant que tu vas triompher, scélérat d'Athanase! (*Haut.*) Débarrasse-toi de ce vilain masque qui est un obstacle à ma félicité, ô adorable débardeur ! Te voir, te presser dans mes bras et puis mourir... voilà mon vœu le plus ardent !...

PÉTRONILLE

Tu me verras et tu ne mourras pas ! (*A part.*) Seulement, tu te souviendras ! (*Haut.*) Ne me regarde pas ainsi ! Je suis comme une jeune fille, un rien me fait rougir !... Attends encore...

(*) Pétronille, Poulichon.

POULICHON

Pourrai-je rester plus longtemps sans approcher ma bouche de tes lèvres?

PÉTRONILLE

Ce moment viendra; mais ne nous hâtons pas d'être heureux. On dédaigne vite les faveurs obtenues facilement. Le bonheur n'est réel dans l'amour que lorsqu'il est le prix de la constance. Attends, te dis-je, et ne cherche pas de sitôt à voir mes traits si tu veux que je cède à tes désirs.

POULICHON, *à part.*

Comme sa voix ressemble à celle de ma femme! (*Pétronille se lève et vient se placer derrière son mari, de manière à ne pas être vue de celui-ci.*) Je me soumets à tes ordres: j'attendrai. (*A part.*) Il ne faut pas l'effaroucher, c'est peut-être un premier amour! O Athanase! (*il se frotte les mains*) as-tu de la chance! Tu nages dans les plaisirs voluptueux pendant que ta femme joue au loto avec ta belle-mère...

PÉTRONILLE, *prenant son verre.*

Au diable la raison! En avant le champagne, et chantons en chœur le refrain!...

ENSEMBLE

(*Poulichon frappe sur son verre en chantant le refrain.*)
    Versez, et trin, trin, trin,
    Oui, vive ce bon vin
    Qui nous met vite en train;
    Buvons-en donc jusqu'à demain!
    Et trin, trin, trin,
    Oui, vive ce bon vin
    Qui sait nous mettre en train.

PREMIER COUPLET

PÉTRONILLE

Ce nectar nous apporte
Bons mots, plaisirs et ris ;
Il nous ouvre la porte
Du boudoir de Cypris.
Peut-on être sévère,
Quand d'un aussi bon vin,
    Le verre
A chaque instant est plein !

(*Poulichon boit.*)

(*Reprise de l'ensemble et même jeu.*)

DEUXIÈME COUPLET

Pétronille monte sur la chaise qu'elle a placée, en se levant, derrière son mari.)

Ce vin fait des poètes,
Il tient de gais discours,
Il exalte les têtes,
Il pousse aux calembours !
Il rend la femme belle,
Et ne la voit jamais
    Rebelle
A de tendres souhaits.

(*Poulichon boit.*)

(*Reprise de l'ensemble et même jeu*)

TROISIÈME COUPLET

(*Pétronille met un pied sur la table.*)

Il n'a pour la sagesse
Qu'un sourire moqueur,
Il apporte l'ivresse
A l'esprit comme au cœur !

Au pays de Cocagne
Il conduit les amours..
Champagne !
On t'aimera toujours. (*)

(*Poulichon boit.*)

(*Reprise de l'ensemble et même jeu.*)

POULICHON, *à part.*

Quelle luronne! Cette femme est une vraie bacchante!... Elle ferait pâlir un pompier! (*Il essaie de se lever.*) Mais... je crois que je suis dans les vignes du Seigneur!...

PÉTRONILLE, *le regardant et à part.*

Sa tête est prise! (*Elle jette son masque qu'elle tenait à la main.*)

POULICHON, *se soutenant à peine.*

Débardeur de ma vie!... viens que je te presse sur mon cœur... Vois-tu... (*il lui prend la main*) je t'aime!... Mais cette main!... je la connais!... (*Il la met*

(*) La musique vive et entraînante de ces trois couplets m'engagea à en faire un quatrième, que je plaçai après le premier et ils formèrent une chanson que j'intitulai: *Le Champagne.* Elle fut chantée avec succès au Casino par M⁰⁰ Poncer et à l'Alcazar par M¹¹ᵉ Amélie et par M¹¹ᵉ Jeanne. Voici ce couplet:

Ah ! si d'une couronne
Ma tête se chargeait,
Aux vins qu'Aï nous donne
J'emploirais mon budget;
Et, versant à la ronde,
On verrait sous ma loi
Le monde
Entonner avec moi:
Versez, et trin, trin, trin, etc.

sur son cœur.) C'est elle !... Ce n'est pas toi, débardeur !... Oui, cette main ! c'est la sienne ! celle de ma femme... (*Il retombe sur sa chaise et s'endort.*)

PÉTRONILLE

Voilà mon mari ! Quelle leçon l'homme retirerait de son inconduite s'il pouvait se voir dans un pareil moment ! (*Elle lui ôte son chapeau et lui essuie le front.*)

POULICHON, *sommeillant.*

Oh ! si tu savais combien je t'aime ! (*Il la cherche avec la main.*) Mais où donc es-tu, Pétronille ? (*Celle-ci sourit en regardant Poulichon.*)

NOCTURNE

PREMIER COUPLET

Pétronille, viens près de moi !
Je n'ai jamais aimé que toi ;
Tu t'éloignes, hélas ! pourquoi ?
De mon cœur, que l'amour dévore,
Ecoute la voix qui t'implore !
Viens, bel ange de mes amours,
O toi que j'aimerai toujours !
    Accours, accours
    A mon secours,
O bel ange de mes amours !

ENSEMBLE

Viens, bel ange de mes amours,
O toi que j'aimerai toujours !
    Accours, accours
    A mon secours,
O bel ange de mes amours !

PÉTRONILLE

Au souvenir de nos amours
Mon cœur palpitera toujours :

J'accours, j'accours
A son secours,
Je suis l'ange de ses amours !

DEUXIÈME COUPLET

PÉTRONILLE, *avec attendrissement.*

Le repentir est dans son cœur,
Quand il revient de son erreur
Pardonnons au pauvre pécheur !
Dieu nous a mises sur la terre
Pour aimer, souffrir et nous taire.
Epouses, pardonnons toujours
A qui revient à ses amours !

(*Elle lui fait respirer un flacon.*)

J'accours, j'accours
A son secours,
Epouses, pardonnons toujours !

(*Reprise de l'ensemble.*)

POULICHON, *se réveillant.*

Où suis-je ?... Que vois-je !... Toi, au grand bal ? toi, sous ce costume ?... Je rêve, c'est certain !... (*Avec sérérité.*) Madame Poulichon, qui vous a autorisée à venir ici ?

PÉTRONILLE, *à part.*

Oublions ! je l'ai promis !.. (*Haut.*) Vous ne vous rappelez pas, mon bon ami, que, pour m'être agréable, vous avez voulu me conduire au grand bal ? Le sommeil, qui s'est emparé de vous après notre délicieux repas, vous a sans doute fait perdre le souvenir du passé ! J'imagine que vous ne seriez pas venu ici (*avec intention*) seul... sans moi ?... Monsieur Poulichon ne m'a jamais paru avoir les goûts et le tempérament du Grand-Turc !... (*L'observant.*) Il se contente de sa femme ; il n'en recherche pas d'autres...

POULICHON, *la tête basse et à part.*

Et j'ai l'audace de me poser en accusateur, tandis que c'est moi qui suis le coupable!... Je saisis le mot de l'énigme : le domino noir, c'était elle!... Je suis pris au traquenard!... Et cependant elle ne m'adresse aucun reproche!... (*Haut.*) Pétronille, tu es un modèle de femme!.., ta douceur, ta bonté me pénètrent d'admiration et de reconnaissance... J'allais oublier ma Lolotte, tromper ma Pétronille!... elle qui fut constamment une épouse accomplie!... Oh! je mériterais... (*Il se jette à ses genoux en lui baisant les mains.*) Pétronille, me pardonnes-tu?

PÉTRONILLE, *le relevant.*

Aujourd'hui, mon ami, il nous faut d'autres plaisirs que ceux que l'on rencontre dans un grand bal, et c'est dans notre ménage que nous les trouverons.

POULICHON

C'est vrai! Pétronille, ce que tu dis là est bien!.. Ah! si toutes les épouses pouvaient l'entendre et t'imiter, bien des maris qui s'écartent de leurs devoirs reviendraient dans leurs foyers plus épris que jamais de leur femme.(*L'orchestre fait entendre un quadrille.*) Pétronille (*lui prenant la main*), écoute!... ce quadrille ne dit-il rien à ton cœur? On l'exécutait le soir de notre mariage!... Ce souvenir, qui nous rajeunit de dix ans, sera encore le prélude de mon bonheur!...

PÉTRONILLE, *elle sourit en le regardant amoureusement.*

Dont tu te fatigueras bientôt... peut-être!...

POULICHON

Ah ! Pétronille, maintenant c'est pour toujours, je te le jure !... Ma légèreté, mon extravagance, après dix ans d'une fidélité exemplaire, croyaient trouver une excuse dans ce proverbe : *Une fois n'est pas coutume!*

PÉTRONILLE

Oublier, c'est la première chose qu'on devrait apprendre à une femme.. (*le regardant*) quand elle se marie !

COUPLET FINAL
AU PUBLIC

    Ah ! puisque j'ai su détourner
    Mon mari de son inconstance,
    Daignez, messieurs, lui pardonner :
    Dieu nous commande l'indulgence.

POULICHON

    De ma femme écoutez la voix.

    (*A part, au public.*)

    Maint époux a, je le présume,
    Oublié sa femme une fois,
    Mais une fois n'est pas coutume.

    (*Ils saluent.*)

RIDEAU

(1864)

DEUX RENTIERS DE LA PLAINE

VAUDEVILLE EN UN ACTE

Représenté pour la première fois sur le Théâtre Chave,
le 3 mars 1867.

Mise en scène de M. Azéma.

A M. Michel de Saint-Maurice.

PERSONNAGES :

RANCHOIS, ancien saleur............	MM. COLOMBIN.
DUCERF, ancien cornassier..............	LÉONARD.
LÉON, neveu de Ducerf.	DIDIER.
Mme RANCHOIS.......	Mmes BULLE.
JENNY, fille de Ranchois.............	C. NOILLIS.
ROSALIE, sœur de Ranchois	MARIE.

La scène se passe à Marseille, au quartier de la Plaine-Saint-Michel.

DEUX RENTIERS DE LA PLAINE (*)

Un salon. — Porte dans le fond. — Portes latérales au premier et au deuxième plan. — A gauche, entre les deux portes, un canapé, et à droite, également entre les deux portes, une table sur laquelle sont des journaux et des travaux de couture. — La deuxième porte de droite ouvre sur la scène.

SCÈNE PREMIÈRE

RANCHOIS, DUCERF. *Ils sont en robe de chambre, assis l'un sur le canapé et l'autre sur une chaise.* JENNY *brode, assise près de la table.*

RANCHOIS *se lève en tenant un journal, et va à Ducerf qui en lit un autre.*

Toutes les années, j'ai l'habitude de convertir en actions ou en obligations les économies que je réalise sur mes revenus. L'empereur de Souktamboul fait un emprunt, et, comme celui-ci paraît fort avantageux, je voulais...

DUCERF, *assis sur le canapé.*

A quel taux emprunte-t-il ?

RANCHOIS

Au douze pour cent... Mais la *Gazette du Midi* annonce

(*) Ce vaudeville a été joué sous le titre : *Dans une Maison de la Plaine-Saint-Michel.*

qué, par suite des idées révolutionnaires qui agitent le pays, cet emprunt ne présente aucune garantie.

DUCERF, *se levant.*

Le *Nouvelliste* dit, au contraire, que ce sera un excellent placement si cet empire continue à marcher *en croissant* dans les voies libérales où il est entré.

RANCHOIS

Que conclure? Voyons le *Sémaphore*, feuille spécialement consacrée au commerce et très hardie dans son opinion. (*Il prend un autre journal et lit.*) « L'emprunt émis par le gouvernement de Souktamboul est-il un bon placement? Les uns disent oui, les autres disent non. Quant à nous, notre conviction est que l'on ne doit croire ni à l'un ni à l'autre de ces dires. » (*Jetant avec colère le journal sur la table.*) En voilà un au moins qui ne se compromet pas.

DUCERF

C'est son habitude... Après de pareilles lectures, on est fort embarrassé.

RANCHOIS

Abonnez-vous donc aux journaux pour vous éclairer... Jenny?

JENNY

Papa.

RANCHOIS

Ton journal parle-t-il de l'emprunt?

JENNY

Il ne s'occupe que de modes. (*Le donnant.*) Le voici.

RANCHOIS, *à Ducerf, en lui montrant le journal.*

Tiens, regarde donc ces falbalas, ces coiffures, ces parures!...

DUCERF

Voilà un journal auquel je ne m'abonnerais pas si j'étais marié.

JENNY

Il faut plaindre la femme qui, pour plaire, a besoin d'avoir recours à un journal de modes.

RANCHOIS, *sévèrement.*

Ma fille, ces observations ne sont pas de votre compétence. *(A Ducerf.)* Prendrai-je dix ou vingt obligations de cet emprunt ?

DUCERF

Fais comme moi, achète des maisons.

RANCHOIS, *colère.*

Que le diable t'emporte avec tes maisons ! j'en ai trois qui me font devenir fou !

AIR : *Suzon sortait de son village.*

Les maisons, quelle triste chose !...
Le locataire est exigeant ;
Et pour tous les dégâts qu'il cause
Il me réclame à chaque instant :
    Le plâtrier,
    Le serrurier,
Ou le maçon ou bien le menuisier,
    Le vitrier,
    Le ferblantier,
Ou bien le peintre ou bien le tapissier.
    Le travail fait, mon locataire
    Pourrait donc en paix me laisser ;
    Il vient encor me relancer
      Quand son eau n'est pas claire.

DUCERF

Ce qui arrive souvent ; mais on va la purifier.

JENNY

Il y a longtemps qu'on nous le promet.

RANCHOIS

Ma fille! soyez moins impatiente, surtout lorsqu'il s'agit d'améliorations publiques.

SCÈNE II.

LES MÊMES, Mme RANCHOIS, ROSALIE, *elles portent des provisions.*

Mme RANCHOIS, *entrant.*

Il n'y a plus moyen de vivre! (*A Ranchois.*) Si vous saviez comme tout est cher!...

RANCHOIS

Le refrain quotidien!... *(A part.)* On veut me faire augmenter le chiffre de la dépense... C'est une conspiration!...

DUCERF, *saluant.*

Mesdames... (*Bas à Rosalie.*) Vous aussi m'êtes bien chère!

ROSALIE

En effet, tout augmente.

DUCERF, *même jeu.*

Mon amour aussi, Mademoiselle.

Mme RANCHOIS

Tenez, M. Ducerf *(montrant un poisson),* voilà un poisson que l'on avait autrefois pour quinze sous: nous l'avons payé deux francs cinquante.

DUCERF, *regardant le poisson.*

Deux francs cinquante! Ma gouvernante a payé trois francs le pareil.

JENNY, *se levant.*

Du moins elle vous l'a fait payer trois francs.

Mme RANCHOIS

Mais elle vous vole!...

DUCERF, *regardant les provisions que porte Rosalie.*

Et ce chou? *(Bas à Rosalie.)* Quand viendra le jour où je pourrai vous donner le nom que porte ce légume!...

ROSALIE, *vivement.*

Huit sous.

RANCHOIS

Et on t'a compté ce végétal indigeste, à combien?

DUCERF

Douze sous.

Mme RANCHOIS

Votre bonne vous ruinera.

RANCHOIS

C'est ce qui arrive aux vieux garçons... Aussi j'avais prévu cela, moi, et je me suis marié.

Mme RANCHOIS

Si c'est le seul motif qui vous a décidé, c'est très flatteur pour votre femme.

RANCHOIS

Je veux dire que Ducerf aurait dû se marier.

DUCERF

Mais je ne demande pas mieux. *(Bas à Rosalie.)* Oh! si mon isolement pouvait vous attendrir!...

ROSALIE

Monsieur se marierait pour faire des économies? Ce serait une sottise, car les femmes sont comme toutes les autres choses, elles coûtent fort cher aujourd'hui.

JENNY

Les femmes sont ce qu'on les fait, et, si les maris voulaient, elles dépenseraient beaucoup moins.

RANCHOIS

Et comment cela, mademoiselle la raisonneuse?

JENNY

En cherchant à leur rendre la maison agréable. Les dépenses que font les épouses sont presque toujours le résultat de l'indifférence de leurs maris. La femme veut que l'on s'occupe d'elle : qu'elle soit aimée dans sa coquette simplicité, et vous verrez qu'elle renoncera à tous ces colifichets ruineux, à toutes ces modes insensées auxquelles elle se condamne pour obtenir l'attention de son mari.

Mme RANCHOIS, *avec intention.*

Et souvent celle des autres, afin d'exciter sa jalousie.

RANCHOIS, *avec dignité.*

J'aime à croire, Mme Ranchois, que vos paroles ne s'adressent point à moi. Jenny, je t'admire!... *(A Ducerf.)* Quelle bonne petite femme cela fera!

DUCERF, *à Rosalie.*

En entendant l'élève, on reconnaît le maître.

ROSALIE

Veillez sur votre maison, M. Ducerf.

JENNY

Vous avez besoin que votre neveu se marie, afin que l'ordre et l'économie règnent chez vous.

RANCHOIS

Son neveu est encore trop jeune.

JENNY

Faut-il, mon père, qu'il attende d'avoir l'âge de son oncle ?

RANCHOIS

Cela n'en vaudrait peut-être que mieux.

Mme RANCHOIS

La femme ne sait pas tout ce qu'elle aura à supporter avec un jeune époux... Souvent cet époux fait sa jeunesse après le mariage.

JENNY

Sa femme peut en profiter.

Mme RANCHOIS, *regardant son mari.*

Oui, quand c'est avec elle, mais lorsque c'est avec d'autres... Qu'en dites-vous M. Ranchois.

RANCHOIS, *embarrassé.*

Je dis que... c'est une horreur. *(A part.)* Une pierre dans mon jardin !

JENNY

Il me semble que tout cela ne m'arrivera pas à moi.

RANCHOIS

Ma fille, garde tes illusions et va aider la mère et la tante à préparer le souper... Pour moi, la femme qui a le plus de mérite est celle qui, avec des riens, fait d'excellentes choses.

Mᵐᵉ RANCHOIS, *bas à Ranchois.*

Gourmand et avare! Vous avez là deux défauts qui ne s'allient guère. (*Sortant par la deuxième porte de gauche.*) Enfin! il faut prendre les hommes tels que Dieu nous les donne.

DUCERF, *saluant.*

Mesdames, au revoir!

SCÈNE III

DUCERF, RANCHOIS

RANCHOIS

Cette enfant a un jugement, une perspicacité...

DUCERF

Il m'aurait fallu une femme comme elle.

RANCHOIS

Pourquoi ne l'es-tu pas marié?

DUCERF, *soupirant.*

Mon célibat est dû à des causes...

RANCHOIS

Tu es exploité, et puis on jase sur ton compte. Les uns disent : Ducerf a une servante qui n'est pas mal; qui sait si...; les autres : Eh! eh! le gaillard doit s'amuser... c'est un polisson ce Ducerf!... Les âmes pieuses *(avec dignité)* et elles sont nombreuses à la Plaine, ont déjà, dans leur suprême bonté, condamné la tienne à l'enfer... Ouf! j'en ai le frisson pour toi!

DUCERF

Serait-ce possible?

RANCHOIS, *riant.*

Eh! eh! tu es un homme? (*Se retournant.*) Personne ne nous écoute, nous pouvons parler librement... Tu es un homme, avoue-le?

DUCERF

Eh bien!

RANCHOIS

Tu... (*Riant.*) Eh! eh!... Elle est gentille la bonne, et je suis persuadé que...

DUCERF

Je te jure que jamais...

RANCHOIS

Vraiment? Alors tu mérites le prix Monthyon. Puisqu'elle est encore honnête, flanque-la à la porte, prends un nègre ou fais-toi capucin. Vois-tu, Ducerf, si ce que je veux te dire n'a pas eu lieu, ça viendra.

DUCERF

Jamais! Tu oublies mes principes? Mon état de cornassier est le seul motif qui m'ait fait renoncer au mariage. Les amis m'auraient plaisanté. Je suis très susceptible, très chatouilleux même, et leurs quolibets auraient souvent amené des affaires fâcheuses; car un rien m'excite, moi!... Je ne suis pas un duelliste, un sabreur, mais!...

RANCHOIS, *surpris.*

Ah bah! Je te croyais au contraire...

DUCERF

Aussi ai-je constamment évité les discussions, parce qu'on sait de quelle manière elles commencent, et on ne sait pas...

RANCHOIS

Comment elles peuvent finir. C'est prudent.

DUCERF

Pour m'épargner tous ces désagréments, je suis resté garçon. Si je m'étais marié pendant que j'exerçais ma profession, on aurait accusé ma femme de..., elle qui m'aurait été fidèle !...

RANCHOIS

C'est probable. La femme d'un cornassier doit être comme celle de César.

DUCERF

AIR *de Farinelli.*

Pour railler tu sais qu'aujourd'hui
L'esprit ne connaît plus de bornes ;
Ah ! que dirait-on d'un mari
Qui fait le commerce des cornes ?

RANCHOIS

Ducerf, dirait-on, a prévu
Sans doute une grande disette :
C'est pour cela qu'il a voulu
En avoir toujours sur la tête.

(Il rit, en lui tapant sur le ventre.) Eh ! eh ! voilà ce que diraient les malins.

DUCERF

Aussi, à présent que je suis retiré, vais-je me marier.

RANCHOIS

Comment tu es retiré, et tu vas... *(Riant.)* Ah ! ah !

DUCERF

Oui, je suis retiré des affaires, et je veux maintenant entrer en ménage. Aujourd'hui, personne n'osera soupçonner ma femme, et je pourrai dormir tranquille; car, tu le sais, je suis très chatouilleux, moi.

RANCHOIS

Tu as bien fait, puisque tu es si susceptible. C'est égal, je ne m'en serais jamais douté... Je te croyais un mouton, un agneau...

JENNY, *entrant.*

Papa, votre eau est chaude. (*Elle s'assied et brode*).

RANCHOIS

C'est vrai, c'est mon jour de barbe... Viens avec moi, Ducerf, nous parlerons de l'emprunt de Souktamboul.

DUCERF

Et tu seras rasé.

(*Ils sortent en riant par la 2ᵉ porte à gauche.*)

SCÈNE IV

JENNY, LÉON

LÉON, *sur le seuil de la porte du fond.*

Mademoiselle Jenny, êtes-vous seule?

JENNY

Auriez-vous peur de moi?

LÉON, *entrant.*

A-t-on jamais peur de ce qu'on aime!

JENNY

Asseyez-vous là et causons. (*Il s'assied près d'elle.*) Vous êtes rentré tard cette nuit?

LÉON

J'ai été au bal.

JENNY

C'est donc joli un grand bal?

LÉON

Pour les yeux c'est assez bien, mais pour les oreilles on pourrait trouver mieux.

JENNY

J'en verrais un volontiers.

LÉON

Cela ne dépend que de vous.

JENNY, *se levant.*

Mais que dirait ma famille, le monde, si l'on savait...

LÉON, *se levant.*

Le monde l'ignorera, puisque vous serez masquée. Quant à votre famille qui dort... — comme on dort à la Plaine, — soyez sûre qu'à son réveil elle vous trouvera dans votre chambre. Du reste, s'est-on jamais aperçu de mes absences nocturnes?

JENNY

Je m'en aperçois, moi!... Je pourrai donc sans danger voir un grand bal?

LÉON

Comptez sur le respect que vous m'inspirez.

JENNY

Mon amitié me pousse à cette folie. Je tiens à m'assurer si notre affection n'y court pas de risques.

LÉON

Il y a une dette que ma gratitude ne pourra jamais assez payer... Lorsque, pendant une longue maladie, les médecins désespéraient de me sauver, vous étiez auprès de moi, comme un bon ange, me prodiguant la tendresse d'une sœur...

JENNY, *l'interrompant et avec attendrissement.*
Léon, je vous en prie !

LÉON, *lui prenant la main.*
AIR *de* l'Éclair.

Je succombais à la souffrance,
Mais vos soins, vos regards, un jour,
Firent naître en moi l'espérance
En même temps que mon amour.
Alors une ombre qui m'est chère,
En prenant nos deux mains, nous dit :
    L'amour sincère
    Qui vous unit,
    C'est une mère
    Qui le bénit.

On peut vous aimer pour vos vertus, pour votre beauté ; moi je vous aime parce que je vous dois la vie. C'est par égoïsme, direz-vous... Non, c'est par reconnaissance. D'ailleurs l'amour n'est-il pas de l'égoïsme à deux ?... Jenny, dites-moi que vous m'aimez aussi ?

JENNY

A une condition, c'est que vous n'irez plus au grand bal. Vous m'avez dit que l'amour rend personnel... Je le sens maintenant, car j'ai peur que vous aimiez une autre femme.

LÉON
Vous m'aimez donc ?

JENNY

Je ne dis pas cela, Léon *(baissant les yeux)*; mais je tiens à vous... comme on tient à un frère.

LÉON

A un frère, Jenny?

JENNY

Promettez-moi que le bal de ce soir sera le dernier où vous irez?

LÉON

Je vous le promets.

JENNY

Quel costume pourrai-je prendre?

LÉON

Voyons votre journal de modes. (*Il prend le journal, et le parcourant avec Jenny.*) Voici une bayadère, un pierrot, un débardeur...

JENNY

Je choisis le costume de débardeur, c'est simple et gracieux. Je trouverai chez moi tout ce qui m'est nécessaire, il ne me manquera que le masque et le bonnet.

LÉON

Je vous les apporterai. Chut! on vient.

SCÈNE V.

LES MÊMES, ROSALIE, *suivie de* DUCERF.

DUCERF, *bas à Rosalie.*

Pourquoi renoncer aux douceurs de l'hymen, mon attachement pour vous est si grand!...

ROSALIE, *riant.*

Au point de vue de l'économie surtout!...

DUCERF, *même jeu.*

Puisque vous riez de mes discours, je m'adresserai à votre frère.

ROSALIE
Je suis majeure, M. Ducerf.

DUCERF, *même jeu.*
J'aurais voulu connaître vos sentiments *(haut)* avant de lui faire ma demande.

JENNY, *joyeuse et bas.*
Votre oncle va me demander pour vous à mon père !

LÉON, *bas.*
Quel bonheur s'il obtenait son consentement !

ROSALIE
Viens, Jenny, on nous attend pour souper.

DUCERF, *bas à Rosalie.*
Vous pouvez souper, vous ? Que vous êtes heureuse !...

ROSALIE
Est-ce que vous auriez une gastrite ? *(Bas.)* Allons, M. Ducerf, ayez du bon sens. *(Haut.)* On nous attend, Jenny. *(Léon et Ducerf les accompagnent.)*

SCÈNE VI.
LÉON, DUCERF, *ils descendent la scène.*

LÉON
Oh ! la charmante personne !

DUCERF
Elle est ravissante ! Ah ! si j'étais plus jeune !

LÉON
Si j'étais plus âgé, M. Ranchois se déciderait sans doute...

DUCERF
A quoi ?

LÉON

A me la donner en mariage.

DUCERF

A toi ? Mais tu ne sais donc pas que je l'adore, que j'en suis idolâtre !

LÉON

Vous ?

DUCERF

Oui, mon ami, et je te déclare que si tu ne renonces pas à sa main, tu n'auras jamais un sou de moi ; dussé-je, pour te punir, léguer ma fortune à l'éléphant du jardin zoologique.

LÉON

Que m'importe !... J'ai la parole de Mlle Ranchois et nul autre que moi ne sera son époux.

DUCERF, *soupirant.*

C'est donc toi qui as obtenu sa préférence !... (*A part, après réflexion.*) Il y a encore de l'espoir... Cette union est impossible ! La disproportion d'âge est trop grande pour...

LÉON, *à part.*

Mon oncle est trop vieux pour que M. Ranchois lui donne sa fille, elle-même n'y consentira jamais.

DUCERF

Voici Ranchois, prenons les devants.

SCÈNE VII.

LES MÊMES, RANCHOIS *habillé pour sortir.*

LÉON, *il va vivement à Ranchois et l'attirant à lui.*

M. Ranchois, j'aime...

DUCERF, *interrompant* LÉON *et l'imitant*.

Pardon, mon ami, les grâces, les qualités...

LÉON, *même jeu*.

Ses vertus qui sont l'apanage des âmes pures...

DUCERF, *même jeu*.

Ses principes d'ordre et d'économie qui indiquent une éducation solide et une parfaite connaissance des choses nécessaires à notre existence...

LÉON, *même jeu*.

Son esprit, ses charmes m'ont inspiré une passion qui...

DUCERF, *même jeu*.

Enfin, Ranchois, j'ai trouvé en elle tout ce que la femme a de plus beau, de plus grand, de plus sympathique.

RANCHOIS, *se dégageant*.

Me lâcherez-vous à la fin !... Voilà une heure que vous me faites aller de babord à tribord et de tribord à babord. Expliquez-vous une fois pour toutes?

LÉON

J'aime Mademoiselle Ranchois.

DUCERF

Et moi aussi.

RANCHOIS

Comment, tous deux ?

DUCERF

Hélas ! oui.

LÉON

J'en mourrai, Monsieur, si vous me la refusez... car elle n'aime que moi.

DUCERF, *soupirant*.

Elle l'aime !...

LÉON

Elle est si jolie, si douce, si bonne!...

DUCERF

Elle l'aime, et il ose l'avouer!... *(Il tombe comme anéanti sur le canapé.)*

LÉON

Accordez-moi la main de votre fille, si vous voulez éviter un malheur.

DUCERF, *se levant vivement.*

Quoi! c'est pour Jenny? Je suis sauvé!... *(A Ranchois.)* As-tu compris?

RANCHOIS, *avec dignité.*

Vu la situation difficile dans laquelle vous me placez, permettez-moi de prendre une attitude et un langage en harmonie avec la gravité des circonstances. *(Il met une chaise devant lui et imite un orateur.)* Je suis très flatté, Messieurs, de l'honneur que vous me faites. J'ai eu deux jours dans ma vie, où j'ai compris toute mon importance physique et morale : le premier fut celui où la patrie me confia un fusil pour sa défense; le second est celui que ma position de chef de famille me concède aujourd'hui. Garde national, j'ai rempli mon mandat avec zèle et dévoûment. Nommé caporal à l'unanimité, on m'a vu, dans ces hautes fonctions, affronter mille dangers pour rétablir l'ordre et la tranquillité.

DUCERF

Je demande la parole pour un fait personnel. J'étais sous ton commandement, tu m'avais dit : « Soldat, sois avant tout l'homme de l'ordre et de la tranquillité; » aussi, dans les moments de troubles et d'émeute, ai-je toujours pris le parti... d'aller me coucher.

RANCHOIS

Je ne réponds pas à l'interruption plus qu'inconvenante de l'honorable préopinant, et je continue. Messieurs, ce que j'ai fait pour mon pays, je le ferai pour ma famille. Non, je ne faillirai pas devant le devoir que la société m'impose, je serai... (*Cherchant le mot.*)

LÉON, *à part.*

Est-il embêtant... Oh! comme il commence à devenir beau-père!

RANCHOIS

Je serai franc et énergique, comme doit l'être celui qui est fort de sa conscience et de son passé, et je vous répondrai : Jeune homme, vous n'aurez pas ma fille.

LÉON, *surpris.*

Oh! mon Dieu! et pour quelle raison? (*Il tombe assis sur le canapé.*)

RANCHOIS

Parce que ma fille est encore trop jeune pour comprendre la grandeur d'un acte aussi sérieux que le mariage. Dans sept ans, elle aura vingt-cinq ans, et vous, jeune homme, vous en aurez trente Alors... on pourra s'entendre... (*Avec emphase.*) Le mariage, Messieurs, est un...

DUCERF, *l'interrompant.*

Assez, assez!... Pour Léon ce n'est qu'une affaire de temps; mais pour moi, ô Ranchois! moi, qui ai cinquante-six ans révolus... puis-je attendre?

RANCHOIS

Rosalie étant plus que majeure, je déclare que je n'ai, à l'égard de tes intentions, aucun droit à exercer sur elle... C'est à toi d'aviser.

DUCERF

Ton influence est grande, ô Ranchois! parle-lui en ma faveur!

RANCHOIS

J'essaierai. (*Allant à Léon qui paraît abattu.*) Jeune homme, si vous aimez ma fille, comme vous le dites, l'épreuve à laquelle je vous soumets ne fera que fortifier l'affection que vous ressentez. D'ailleurs, souvenez-vous que plus on attend pour se marier, plus on est heureux en ménage.

DUCERF

Alors, ô mon ami! je vais être dans la félicité.

RANCHOIS

Croyez à mon expérience. Je connais des époux qui auraient moins souffert s'ils étaient morts le lendemain de leurs noces. Je vais appeler ma sœur (*à Ducerf*) pour lui faire part de tes intentions... Mon beau-frère au conditionnel (*à Léon*) et vous, mon gendre au futur (*indiquant la porte du fond*), allez!

LÉON, *sortant.*

Sept ans à attendre... (*A part.*) J'espère bien avant cette époque passer du futur au présent.

RANCHOIS

Toi, Ducerf, reviens dans un instant pour que je te fasse part du résultat de mes démarches. (*Il va à la 2ᵉ porte de gauche et appelle.*) Rosalie!

SCÈNE VIII.

RANCHOIS, *puis* ROSALIE

RANCHOIS

Parviendrai-je à vaincre la résolution qu'elle a prise ?

ROSALIE, *entrant.*

Vous m'avez appelée ?

RANCHOIS

Mademoiselle Ranchois, mon ami Ducerf m'a chargé d'une mission délicate. Au nom de cet honnête homme, je vous demande pour lui votre main.

ROSALIE

Vous auriez pu lui répondre que mes intentions n'ont point changé.

RANCHOIS

Vous voulez donc rester éternellement fidèle à votre premier amour ?

ROSALIE

Celui qui l'a obtenu est mort avant d'être mon époux ; mais nous étions liés par le plus saint des serments. Sa dernière pensée a été pour moi... Je veux que mon dernier soupir soit pour lui.

RANCHOIS, *avec douceur.*

Rosalie, tes idées romanesques t'ont fait refuser d'excellents partis. A notre âge, ma chère sœur, c'est un établissement, un parti de raison que nous devons voir dans le mariage. Ducerf est bon, tu seras heureuse avec lui, tu verras...

SCÈNE IX.

LES MÊMES, DUCERF *habillé pour sortir, il tient un cahier.*

DUCERF, *entrant vivement.*

Ah! mon ami, comme je suis floué! (*Donnant le cahier à Rosalie.*) Veuillez, Mademoiselle, prendre connaissance de ce livret.

RANCHOIS, *riant.*

Ah! ah! tu le tiens!

ROSALIE, *lisant.*

Dans l'espace de trois mois, votre servante (*riant*) a placé 450 francs à la Caisse d'épargne.

DUCERF

Quand elle est entrée à mon service, elle n'avait pas un sou. Je lui donne 25 francs par mois.

RANCHOIS

Soit 75 francs pour ses trois mois. Avec 75 francs se faire 450 francs d'économie... c'est être habile!... Si jamais ta bonne monte une maison de banque, elle trouvera des actionnaires... En voilà une qui saura faire suer le capital!... (*Bas à Ducerf.*) Et tu dis qu'elle ne l'est rien... Que sera-ce donc quand... (*Haut.*) Ducerf, flanque ta servante à la porte; un nègre vaudrait mieux.

DUCERF

Étant pour l'affranchissement de cette couleur, je préfère être servi par des blancs. Mademoiselle, vous êtes ma Providence... Oh! laissez-vous toucher!

RANCHOIS, *surpris.*

La toucher!... (*A Ducerf.*) Veux-tu bien te taire.

DUCERF

Émouvoir, veux-je dire. Mademoiselle Rosalie (*tombant à ses genoux et lui prenant la main*), ayez pitié de moi!.. Je sens que mon amour me fera commettre un crime.

RANCHOIS

Dieu t'en préserve! on te condamnerait à mort, tu serais exécuté à la Plaine; car c'est là encore une des attentions de l'Administration pour notre quartier; ce spectacle serait trop douloureux pour ton ami et pourrait déprécier mes immeubles.

DUCERF

O Ranchois, ne crains rien! Je commettrai ce crime sur moi-même.

RANCHOIS

Alors c'est différent... Je suis maintenant beaucoup plus tranquille. (*A Rosalie en lui montrant Ducerf.*) Et vous n'êtes pas attendrie? Quoi, vous n'êtes pas impressionnée en le voyant dans cette position suppliante?... Moi, j'en pleure!...

ROSALIE, *le relevant.*

De pareils discours à votre âge... Vous n'y pensez pas, M. Ducerf!

AIR : *Faut l'oublier.*

> Laissons l'amour à la jeunesse,
> Laissons-lui les fleurs du printemps;
> Et gardons pour nos cinquante ans
> L'expérience et la sagesse.
> L'amour se rit de notre émoi;
> Sitôt que nos traits se flétrissent,
> Il nous dit : « Redoutez ma loi,
> Et dès que vos cheveux blanchissent,
>   Oubliez-moi. » (*bis*)

DUCERF

Mais je suis encore jeune !

RANCHOIS, *bas à Ducerf.*

Gros scélérat, tu es le feu sous la cendre !... Allons, Rosalie, donnez-lui un petit mot d'espoir.

DUCERF

Oui, un tout petit mot d'espoir.

ROSALIE, *sortant par la 2e porte à gauche.*

Je réfléchirai.

RANCHOIS, *à Ducerf.*

Quand une femme répond ainsi, sois certain que son idée est arrêtée. Tu seras son mari, Ducerf. Allons au cercle prendre le café. J'y verrai mon agent de change pour l'emprunt de Souktamboul. (*Ils sortent par le fond, pendant que Jenny entre par la 2e porte à gauche.*)

SCÈNE X.

JENNY, *seule.*

(*Regardant Ducerf.*) M. Ducerf paraît satisfait. Si son mariage s'effectue, le mien ne se fera pas attendre. Ce cher Léon !... Je crois que je serai heureuse avec lui ! Aussi, depuis ce matin, je ris, je chante... J'ai tort peut-être, car il n'y a rien de sûr ici-bas.

AIR de *Risette.*

Oh ! modère-toi, mon cœur,
S'il est vrai que le bonheur
   N'est qu'un songe,
Le ciel voudra qu'en ce jour
Mon rêve cher à l'amour
   Se prolonge.

Léon m'a donné sa foi,
Et sa tendresse pour moi
　　Est extrême.
Mon horizon s'éclaircit,
Mon avenir s'embellit,
Tout me charme et me sourit,
Depuis qu'il m'a dit
　　Je t'aime. *(ter.)*

Oui *(mettant la main sur son cœur)*, je sens là que son amour est partagé... Chacune des paroles affectueuses qu'il prononçait trouvait en moi un si doux écho, que j'aurais voulu lui répondre : « Tu m'aimes et moi aussi... » Mais nous autres, jeunes filles, on nous a habituées de si bonne heure à dissimuler, que je n'ai pas osé lui avouer ce que mon cœur brûlait de lui dire. Quand mon père aura donné son consentement, je pourrai témoigner toute mon affection.

SCÈNE XI.

JENNY, LÉON, *il porte dans un foulard le bonnet et le masque*

LÉON, *entrant.*

Oh ! ma chère Jenny, je suis bien malheureux !

JENNY

Vous ! pendant que j'étais si contente ?

LÉON

Votre père...

JENNY

Mon père ?

LÉON

Veut que notre mariage n'ait lieu que dans sept ans.

JENNY

Eh bien! mon ami, nous attendrons. La résignation est une vertu, comme le courage.

LÉON

La résignation pour moi c'est de la faiblesse, de la lâcheté. Et quand on a le moyen de s'y soustraire, on doit l'employer.

JENNY

C'est mal ce que vous dites là, Léon, et puisque vous m'aimez...

LÉON

Si je ne vous aimais pas, je serais enchanté de ce retard.

JENNY

Je parlerai à ma mère, elle décidera sans doute mon père à nous unir plus tôt.

LÉON

Faites qu'il en soit ainsi... *(Lui baisant la main.)* Je vous en conjure, Jenny!... Ah!... voici votre masque et votre bonnet.

JENNY, *prenant ces objets qu'elle emporte, 1re porte à gauche, et rentrant vivement.*

Quand m'habillerai-je?

LÉON

Dès que vous entrerez dans votre chambre. Une heure après, je vous attendrai, déguisé aussi, là *(indiquant la porte du fond)*, derrière cette porte.

JENNY

Taisons-nous... J'entends ma mère.

SCÈNE XII.

LES MÊMES, Mme RANCHOIS, ROSALIE, *elles portent quatre flambeaux allumés qu'elles posent sur la table, puis* RANCHOIS *et* DUCERF.

Mme RANCHOIS, *entrant.*

Allons, mes enfants, c'est l'heure du repos.

JENNY

Papa n'est pas encore rentré.

RANCHOIS, *entrant.*

Me voici. J'ai pris 40 obligations de l'emprunt. L'agent de change m'a assuré que c'était une excellente affaire.

DUCERF

Pour lui d'abord et pour l'emprunteur ensuite.

RANCHOIS

Tu es méfiant, Ducerf, oublie que tu as été cornassier.

DUCERF *à Ranchois.*

Tu as mis les verrous. (*Tirant sa montre.*) Il est neuf heures... Allons nous coucher.

LÉON

Conservons toujours les bonnes habitudes de la Plaine.

RANCHOIS

La Plaine est un quartier plein d'avenir... Nous y avons des maisons.

DUCERF

C'est évident.

Mme RANCHOIS

Elle est un peu élevée.

RANCHOIS

C'est ce qui en fait le mérite.

LÉON

Parce que nous sommes près du ciel.

RANCHOIS

Vous l'avez dit, jeune homme.

AIR de la valse de *Giselle.*

Qui veut l'air pur, l'espace et la lumière
Doit habiter la Plaine Saint-Michel, —
Séjour béni ! — puisqu'elle est la première
A recevoir les sourires du ciel.

DUCERF

Qu'il est heureux l'habitant de la Plaine!...
Simple en ses goûts, il voit tous les matins
Lever l'aurore et couler la fontaine,
Dont l'eau changeante est comme nos destins. (*)

Mᵐᵉ RANCHOIS

Puis, s'asseyant à l'ombre des platanes, (**)
Vous l'entendez discourir gravement
Sur notre luxe ou sur les courtisanes,
Sur la jeunesse ou sur l'enseignement.

ROSALIE

C'est qu'à la Plaine il est de fortes têtes !...
Nous y comptons des savants, des penseurs,

(*) Les moindres pluies dans la vallée de la Durance rendaient à cette époque l'eau du canal trouble, bourbeuse, avec une teinte particulière aux terrains qui les avaient reçues. La couleur de l'eau indiquait sur quel point du parcours de la Durance il avait plu. Grâce aux sacrifices de la Ville, l'eau du canal est aujourd'hui relativement assez limpide.

(**) C'est à M. Michel de Saint-Maurice qu'est due cette belle plantation ainsi que celles du boulevard Chave et du boulevard Mérentié.

Des Rossinis, des peintres, des poètes,
Des médecins et des magnétiseurs. (*)

LÉON

Nous y trouvons, d'un vieux monde qui croule,
Quelques débris des plaisirs d'autrefois :
C'est la guinguette avec son jeu de boule,
C'est la chanson, c'est notre esprit gaulois.

JENNY (*avec intention*).

Notre séjour est un lieu de délices
Dont tout le monde est aujourd'hui jaloux.
Car nous avons des prisons, des hospices,
Le cimetière et l'asile des fous.

DUCERF *dans l'admiration.*

Merci, Marseille !... Oh ! c'est à ne pas croire
Que pour nous seuls tu gardes les faveurs !...
Nous le sentons, en y trouvant ta foire
Qui pour nous est... comme un bouquet de fleurs

LÉON, *en regardant Jenny.*

Notre *Jarret* si cher aux amourettes,
Nos boulevards aux aspects gracieux,
Nos beaux jardins et nos maisons coquettes
Charment les cœurs comme ils charment les yeux.

RANCHOIS

Chez nous la paix règne dans les familles ;
Dans nos logis règnent l'ordre et le goût ;
L'on y vit bien... les femmes sont gentilles.
Et les maris sont... ce qu'ils sont partout.

ENSEMBLE

Qui veut l'air pur, l'espace, etc., etc.

(*) Il y avait alors, dans le quartier de la Plaine, diverses personnes qui donnaient des soirées intimes où l'on faisait du spiritisme et du magnétisme.

RANCHOIS

Sur ce, je vous souhaite à tous une bonne nuit et de jolis rêves. (*Chacun se dispose à sortir. Ranchois prend un flambeau, ainsi que Madame Ranchois, Rosalie et Jenny.*)

DUCERF

Nous allons nous reposer dans les bras de Morphée (*bas à Rosalie*), tandis que nous pourrions...

RANCHOIS

Laisse donc ta mythologie... elle n'est plus de mode.

DUCERF

Elle l'est encore à la Plaine. A demain, mes amis !

LÉON, *bas à Jenny.*

A bientôt.

(*Ducerf et Léon sortent par le fond. Les autres personnages les accompagnent, en les saluant, jusqu'à la porte. Jenny, après avoir embrassé son père, sa mère et sa tante, sort par la 1re porte à gauche et Rosalie par la 1re à droite.*)

SCÈNE XIII.

RANCHOIS, Mme RANCHOIS, *ils posent les flambeaux sur la table.*

Avec leurs amours, Ducerf et son neveu m'ont rendu tout guilleret... Sais-tu, ma femme, qu'ils m'ont demandé la main de ma fille et de ma sœur.

Mme RANCHOIS

Et vous avez consenti, pour notre fille surtout ; car M. Léon est un parti fort avantageux.

RANCHOIS

Oui, mais à la condition que ce mariage n'aura lieu que dans sept ans.

Mme RANCHOIS

Sept ans !... Vous attendrez donc que nous soyons morts pour établir notre fille? Je vous promets que ce mariage se fera avant.

RANCHOIS

Philomène, calme-toi, je t'en prie ! Comme vingt-cinq ans de mariage changent le caractère d'une femme !... Tu étais si douce... avant notre hymen !...

Mme RANCHOIS

Vous étiez alors complaisant... Vous ne cherchiez qu'à me plaire... tandis que depuis...

RANCHOIS

Tu sais bien que nous faisons vite la paix. (*A part.*) Je suis ce soir d'humeur folichonne. *(Haut.)* Philomène, il faut que je t'embrasse... Je veux te faire l'étrenne de ma barbe... de ma toute-puissance.

Mme RANCHOIS

Il y a longtemps que cela ne vous était arrivé.

RANCHOIS, *l'embrassant.*

Demain tu n'en diras pas autant. Conviens que tu as un mari comme on en voit peu.

Mme RANCHOIS

Vous n'avez pas toujours été d'une fidélité exemplaire.

RANCHOIS, *l'interrompant.*

C'étaient des bêtises... Te rappelles-tu quand je fis ta connaissance ?

PREMIER COUPLET

AIR de *Monsieur et Madame Denis.*

J'étais dans les pots d'anchois,
Lorsque la première fois,
En te voyant je souris ;
  Et quand je m'épris (*bis*)
De tes petits yeux fripons,
J'étais dans les cornichons.

DEUXIÈME COUPLET

Dans le règne végétal
Ou dans le règne animal,
L'amour nous trouve souvent.

Mme RANCHOIS

Souvenez-vous-en (*bis*).

RANCHOIS

Ce n'est plus moi qu'on mettra
Dans l'un de ces règnes-là.

TROISIÈME COUPLET

Mme RANCHOIS, *avec intention.*

On peut encor vous y voir.

RANCHOIS, *surpris.*

Formerais-tu cet espoir ?

Mme RANCHOIS, *minaudant.*

Non, mais j'aurais pu jadis...

RANCHOIS, *l'interrompant.*

Tais-toi, j'ai compris !... (*bis*)

Mme RANCHOIS, *même jeu.*

J'avais alors des appas
Que l'on ne dédaignait pas.

QUATRIÈME COUPLET

Le menaçant.

Ah ! vous l'auriez mérité,
Mais j'ai toujours résisté,

Tandis que mon cher époux,
 Qui fait le jaloux, (*bis*)
Dans le contrat, sans motif,
Donnait des coups de canif.

CINQUIÈME COUPLET
RANCHOIS

Ma femme, c'est une erreur,
Je voudrais t'ouvrir mon cœur.
Tu verrais quels feux brûlants
 Pour toi je ressens. (*bis*)
Tu fus mes seules amours...

Mme RANCHOIS, *amoureusement.*

Vrai, toujours ?

RANCHOIS, *l'embrassant.*

Oh ! oui, toujours.

(*A part.*) Comme un rien satisfait les femmes !...

Mme RANCHOIS, *prenant un flambeau.*

Ne vous faites pas trop attendre, mon ami.

RANCHOIS, *l'accompagnant, 2e porte à gauche.*

Non, Philomène (*la prenant par la taille*), je ne te ferai pas trop attendre. (*Elle sort.*) Définitivement, il me semble que j'ai ce soir trente ans de moins.

SCÈNE XIV.
RANCHOIS, *seul.*

Quelle bonne petite femme j'ai là !... Elle est bien un peu entêtée ; mais où en trouver une qui ne le soit pas. Il est curieux que je sois obligé de lire les journaux avant de me mettre au lit ! ce que c'est que l'habitude !... J'ai remarqué qu'après leur lecture le sommeil vient plus vite.

(*Il s'assied près de la table et lit le journal.*) « Un vieillard
« a été trouvé mort ; son identité n'ayant pu être établie,
« on a transporté son cadavre à la morgue.— Une chienne
« épagneule, robe noire, marquée de feu, et répon-
« dant au nom de *Follette*, a été perdue. Honnête
» récompense à celui qui la rapportera à Mme Catinka. »
(*Parlant.*) Voilà une chienne qui est réclamée et personne
ne réclame le pauvre vieillard. (*Lisant.*) — « M. Blagos
« vient de publier un roman remarquable par la profon-
« deur des idées, le style et le sel attique qu'il contient. »
(*Parlant.*) Le sel attique ! Que diable peut-être ce sel ?
J'ai été saleur, et je ne l'ai jamais employé. Ce doit être
une nouvelle invention... On sale aujourd'hui de tant de
façons !... C'est égal j'en achèterai pour le connaître.
(*Lisant.*) — « Un crime (*pendant qu'il lit, Léon, habillé en
Malade imaginaire et tenant une énorme seringue, paraît
à la porte du fond. Un instant après, Jenny, habillée en
débardeur et masquée, entr'ouvre doucement la porte.
Léon lui fait signe de venir à lui; mais celle-ci lui répond
que la présence de son père l'en empêche*) « a été commis
« rue Saint-Sylvestre. Des voleurs se sont introduits la
« nuit dans une maison où ils ont tué le chien. » (*Parlant.*)
Oh ! si j'avais été là ! (*Lisant.*) « — La population de la
« Plaine est dans l'épouvante. On dit que, dans l'épaisseur
« du mur mitoyen d'une maison située boulevard Chave,
« on entend des bruits étranges. (*) Le public, toujours
« crédule, suppose que ce sont des revenants. » (*Riant.*)

(*) Boulevard Chave, n. 64. Les locataires évacuèrent cette maison parce qu'ils prétendaient qu'elle était visitée la nuit par des revenants. Tous les journaux de notre ville parlèrent de cette aventure.

Peut-on croire à de pareilles bêtises!... Des revenants dans un mur mitoyen! (*Léon, après avoir attendu, insiste pour que Jenny vienne le trouver. Au moment où elle sort furtivement de sa chambre, Léon vient derrière Ranchois et éteint le flambeau. En sortant, il renverse une chaise.*) — Obscurité complète. — Au voleur! au voleur!... (*Il se lève vivement et va ouvrir la 2ᵉ porte à gauche en appelant.*) Philomène ! Philomène ! (*Descendant la scène.*) Serait-ce une vision ? (*Tâtonnant.*) Ma bougie est éteinte.. Quelque chose est tombé, et cependant je n'ai vu ni entendu personne.

SCÈNE XV.

RANCHOIS, Mᵐᵉ RANCHOIS, *en costume de nuit et portant un flambeau.*

Mᵐᵉ RANCHOIS

Que vous est-il arrivé ?

RANCHOIS, *regardant sous la table et sous le canapé.*

Il y a des voleurs, des assassins dans cette maison. Une chaise (*la relevant*) a été renversée, on a éteint ma bougie.

Mᵐᵉ RANCHOIS

C'est peut-être le vent.

RANCHOIS

Ah! ouiche, le vent!.. Ma femme, on dit qu'à la Plaine, il y a des êtres extraordinaires, des revenants, des loups-garous...

Mᵐᵉ RANCHOIS

Est-ce que vous croyez à de pareilles absurdités, vous ? Mon ami, vous êtes un peureux.

RANCHOIS

Moi, un ancien caporal de la garde nationale, moi, peureux !... Je vous assure qu'il se passe ici des choses épouvantables... Je vais appeler Ducerf pour qu'il vienne à mon aide. (*Il sort précipitamment par le fond.*)

Mme RANCHOIS

Mon mari m'effraie !... Aurait-il eu une hallucination ? Il a voulu faire tourner des tables, et peut-être bien que sa tête a tourné aussi.

RANCHOIS, *de dehors*.

Ducerf, arme-toi et viens à mon secours !

DUCERF

J'y vole, dès que j'aurai mis un caleçon.

RANCHOIS, *rentrant*.

De mon côté, je vais m'armer contre les brigands, et malheur à eux ! (*Il sort par la 2e porte de gauche.*)

Mme RANCHOIS, *le regardant sortir*.

Mon mari est fou ! Voilà les conséquences de la pratique du spiritisme, des esprits frappeurs. Des choses prétendues surnaturelles qui nous font perdre le sens des naturelles. O mon Dieu, rendez-lui la raison ! Fermons cette porte (*1re à gauche*) afin que ma fille n'entende rien.

SCÈNE XVI.

Mme RANCHOIS, DUCERF, *coiffé d'un casque, en caleçon, et en petite jaquette ; il a une lance et porte un bouclier au bras gauche.*

DUCERF, *entrant vivement*.

Qu'as-tu, Ranchois ? (*Surpris.*) Oh ! pardon, madame,

de me présenter devant vous dans un pareil accoutrement...

Mme RANCHOIS, *riant*.

Mais où avez-vous trouvé tout cela ?

DUCERF

Mon neveu a un cabinet qui est un arsenal. C'est à la mode ; et je m'y suis muni de cet attirail grec ou romain... Quel est donc le danger qui nous menace ?

Mme RANCHOIS

Ah ! monsieur Ducerf, je crois que mon mari perd la raison !

DUCERF

En vous regardant, madame, cela pourrait arriver à bien d'autres.

Mme RANCHOIS

Toujours galant !

DUCERF

Rien d'étonnant que, sous le costume de Mars, je sois reconnaissant envers le beau sexe... Les femmes aiment les guerriers.

Mme RANCHOIS, *allumant le flambeau qui est sur la table*.

Dans le négligé où je suis, permettez-moi de ne pas prolonger cette conversation. (*Elle va pour sortir.*)

DUCERF, *la retenant*.

Ne craignez rien ; mon bouclier servira de barrière à mon ardeur... (*Amoureusement.*) Vénus se montra envers Mars plus sensible que vous ne l'êtes pour moi...

Mme RANCHOIS, *baissant les yeux*.

Monsieur Ducerf, vous allez trop loin.

DUCERF

Jamais aussi loin que mon cœur le voudrait.

Mme RANCHOIS

Aimant ma belle-sœur, vous osez me parler ainsi ?

DUCERF

Oh ! oui, je l'aime !... Voilà pourquoi vous m'êtes bien chère...

Mme RANCHOIS

Puisque c'est à votre affection pour ma belle-sœur que je dois celle que vous me témoignez (*avec intention*), ce sentiment n'en est que plus délicat.

DUCERF, *désappointé*.

Qu'elle mérite bien que vous l'appeliez ainsi !... Elle est bien belle en effet... Que ne donnerais-je pour voir Rosalie, près de moi, là, costumée comme vous l'êtes !...

AIR *Tendres échos errants dans ces vallons.*

De la beauté qu'on arrache au sommeil,
Je vois en vous une image touchante ;
Et votre sœur dans ce simple appareil
Tout comme vous doit être ravissante.
Allant à la 1re porte à droite.
Ah ! laissez-moi chez elle pénétrer,
Madame, rien que pour m'en assurer !...

Mme RANCHOIS, *le retenant.*

Veuillez observer les convenances... Rosalie n'est pas encore votre femme. (*Appuyant.*) Vous êtes dangereux, monsieur Ducerf...

DUCERF

Je suis amoureux, et, si c'est un crime, accusez-en vos appas, ou du moins ceux de Rosalie.

Mme RANCHOIS, *impatientée.*

Mon mari tarde bien...

####### DUCERF

Vous désirez votre mari pendant que je suis auprès de vous... (*Soupirant.*) Que vous êtes cruelle !...

####### Mme RANCHOIS

Je l'entends et j'en suis fort aise. (*Elle prend un flambeau et rentre vivement dans sa chambre.*)

####### DUCERF, *cherchant à la retenir.*

Pourquoi me fuir, madame ? (*Descendant la scène.*) Oh ! que la femme est attrayante... la nuit principalement. Si je pouvais m'introduire dans la chambre de Rosalie !... (*Il tâche d'ouvrir la 1re porte à droite.*) Personne (*se retournant*) ne me voit... Essayons.

SCÈNE XVII.

####### DUCERF, RANCHOIS, *en garde national et armé d'un briquet.*

####### RANCHOIS, *à part, allant doucement à Ducerf.*

Je le tiens. Voilà le bandit (*Il le prend par le collet, et le menaçant de son sabre.*) Meurs, misérable ! (*Reconnaissant Ducerf.*) Ciel ! qu'allais-je faire !...

####### DUCERF, *effrayé.*

Es-tu somnambule? Rêves-tu? Viens, je vais te réveiller.

####### RANCHOIS

Je te trouve !... Ah ! les braves sont toujours exacts à l'heure du danger. Ducerf, notre maison est menacée, le sang va couler ; aussi, pour en imposer, ai-je pris cet habit qui a le privilége de jeter l'épouvante parmi les gens aux intentions subversives.

DUCERF

Moi, j'ai pris ce casque qui garantit ma tête, cette lance qui tiendra l'ennemi loin de moi et ce bouclier qui m'épargnera quelques horions. (*A part.*) Il a perdu la boule... c'est sûr !...

RANCHOIS

Où t'es-tu procuré tous ces bibelots ?

DUCERF

Dans le cabinet de mon neveu, c'est un amateur de ferrailles.

RANCHOIS

Il y a beaucoup d'antiquaires à la Plaine... J'en connais un qui a le sabre avec lequel Abraham devait immoler son fils. Il en est qui collectionnent de vieux bouquins, de vieilles vaisselles, des animaux empaillés... J'ai même vu, chez un ami, l'une des oies qui sauvèrent le Capitole. Dans la rue du Progrès, chez un autre, la perruque du fondateur de l'Académie de Marseille ; il y avait des vers dedans.

DUCERF

Et moi j'ai vu, oui vu, la pièce de deux sous que Napoléon donna pour payer son passage sur le pont d'Arcole. Oh ! si on les prenait au sérieux tous ces collectionneurs, que de bourdes ils nous feraient gober !.. Mon neveu est pour les armes ; il appelle cela une *panne*... une panoplie.

RANCHOIS

C'est un mot nouveau, comme le sel attique. Sais-tu ce que c'est que le sel attique ?

DUCERF

C'est un sel qui doit avoir des habitudes désagréables puisqu'il est à *lic*... Peut-être ne se fond-il pas... Mais ne ferions-nous pas mieux d'aller nous coucher ? On gèle ici.

RANCHOIS

Te coucher avec ce qui se prépare... Ne vois-tu rien à l'horizon ?

DUCERF, *regardant.*

Rien. (*A part.*) Il extravague. (*Haut.*) Franchement je grelotte avec cette jaquette. Figure-toi que ma robe de chambre a disparu.

RANCHOIS

Tu vois !... A moins que la bonne ne l'ait prise pour s'en faire une jupe ou un caraco ! (*S'approchant de la 2e porte à droite.*) J'entends ouvrir la porte du petit escalier... Écoute !...

DUCERF

Si j'allais chercher mon neveu... Je l'ai appelé, il n'a pas répondu... Ça dort si bien la jeunesse.

RANCHOIS

Non, non, reste avec moi... Tu serais capable de ne plus revenir... Notre double présence suffira. (*Il pousse le canapé, de manière qu'il soit en face de la 2e porte de droite, et ne laisse qu'un passage entre le mur de gauche et le canapé.*) Occupons-nous de la défense avant de penser à l'attaque. (*Il met la table et les chaises sur le canapé.*)

DUCERF

C'est juste, occupons-nous de la défense... et même de la retraite.

10

RANCHOIS

Tu penses à la retraite... toi, un Français ! Plaçons la lumière du côté opposé *(il met le flambeau près de la 1re porte à gauche,)* ça les déroutera, et nous pourrons les voir en face comme un Français doit regarder l'ennemi. *(S'approchant de la 2e porte à droite et écoutant.)* J'entends parler !.. Tu trembles, Ducerf ?

DUCERF

Je ne sais si c'est de froid ou d'effroi, mais positivement je tremble.

RANCHOIS

Du courage, Ducerf !

AIR *T'en souviens-tu.*

Lorsque tu vois le dimanche à la Plaine, (*)
Tambour battant, défiler nos guerriers,
Ne sens-tu pas une ardeur qui t'entraîne
A partager leurs périls, leurs lauriers ?

DUCERF

Je sens le coup d'une botte brutale
Qu'en me sauvant certain jour j'ai reçu...
C'était au bas .. *(tristement)* de l'épine dorsale.
Dis-moi, Ranchois, dis-moi t'en souviens-tu ?

RANCHOIS

En effet, je me souviens qu'un jour, dans une mêlée, tu reçus le coup de pied en question... Je ne dirai pas où... Mais je sais que tu l'as reçu.

DUCERF, *se tâtant les reins.*

Moi je sais où... Depuis lors j'ai compris que je n'étais point né pour être militaire.

(*) Tous les dimanches dans la matinée, il y avait une revue des troupes sur la place Saint-Michel.

RANCHOIS, *écoutant.*

On monte... Plaçons-nous derrière cette barricade (*Ducerf court derrière le canapé,*) en jurant de mourir plutôt que de nous rendre.

DUCERF

Quoique je sois à moitié rendu, je le jure.

RANCHOIS, *écoutant.*

L'ennemi approche... (*Criant.*) Qui va là? (*Ducerf se cache.*)

SCÈNE XVIII.

LES MÊMES, JENNY, puis LÉON, *masqués.*

JENNY, *entrant par la 2ᵉ porte à droite, surprise et à part, en voyant Ranchois.*

Mon père... (*Elle sort vivement.*)

LÉON, *à part, derrière la porte entr'ouverte, sans être aperçu de Ranchois.*

Quel moyen prendre pour que Jenny puisse rentrer sans être vue par son père?... Faisons peur à celui-ci, afin qu'il s'en aille au plus tôt. (*Il sort et parle à haute voix à la cantonnade.*) Camarades, attendez mes ordres... Au premier signal, vous entrerez et vous tuerez tout ce qui se présentera. Vous n'épargnerez que les enfants à la mamelle.

RANCHOIS

Ils sont plusieurs... Et l'on me traitait de fou!... Ducerf, recommandons notre âme à Dieu... N'as-tu rien sur la conscience?

DUCERF, *tremblant et descendant la scène.*

J'ai fait loyalement le commerce des cornes, sans

dévoiler à qui que ce soit leur provenance... J'aurais été bon père, bon époux si je m'étais marié... Mais...

RANCHOIS

J'ai été un peu infidèle à mon épouse ; mais comme saleur, j'ai salé aussi bien que j'ai pu mes produits, et le plus qu'il m'a été possible mes prix. Nous pouvons mourir en regardant le ciel. Bénissons-nous mutuellement (*ils s'agenouillent. Ducerf élève sa lance sur la tête de Ranchois et Ranchois son sabre sur la tête de Ducerf*) et sachons faire le sacrifice de notre vie. (*Ils se relèvent et s'embrassent.*)

LÉON, *il reparaît dans l'entre-bâillement de la porte et à part.*

Mon oncle est avec monsieur Ranchois. Il faut à tout prix les éloigner. (*Il sort en grossissant sa voix et en frappant des pieds, comme pour imiter la marche de plusieurs personnes.*)

AIR *Garde à vous* (de la Fiancée).

En avant ! en avant ! mettons tout au pillage,
    Et faisons un carnage
    De tous les habitants.
En avant ! ne respectons personne,
    Ni Ducerf ni sa bonne ;
    Frappons en vrais brigands ;
En avant ! frappons en vrais brigands !

RANCHOIS

Tu les entends, ces anthropophages, ces cannibales !... ils ont prononcé ton nom... Ils doivent être au moins cinquante.

DUCERF

Je vais chercher mon neveu.

RANCHOIS, *le relenant.*

Tu ne sortiras pas. Il faut que nous périssions ici, l'un près de l'autre. Un jour, l'histoire parlera de notre héroïsme.

DUCERF

Je préférerais qu'elle n'en parlât pas... Et puis on écrit si mal l'histoire...

RANCHOIS

Faillirais-tu, toi, un ex-commerçant qui fis toujours honneur à ta signature ? Allons, morbleu, du courage !...

LÉON, *ouvrant entièrement la porte et à part.*

Ils sont encore là...

RANCHOIS, *à Ducerf.*

Voici le moment de se montrer.

DUCERF, *allant derrière le canapé.*

Oui, mon ami, montre-toi... J'aurais bien envie d'aller chercher mon neveu...

RANCHOIS, *il va à la porte.*

Qui vive ? Un pas de plus et vous êtes morts. (*Il se sauve derrière le canapé en voyant Léon.*)

LÉON *entre en dirigeant sa seringue du côté du canapé.*

Silence ou je fais feu ! Messieurs, je vous donne dix minutes de réflexion. Si à mon retour vous êtes encore dans ce salon, je vous préviens que vous n'en sortirez plus. (*En sortant à la cantonnade.*) Hé ! là-bas ! apprêtez vos armes, et attendez votre capitaine.

RANCHOIS

Je n'ai que mon coupe-chou, et le brigand a une arme

de précision, à longue portée... Ce doit être un fusil à aiguille.

DUCERF, *dont on ne voit que la tête.*

C'est peut-être un revolver à douze coups.

RANCHOIS

Il me semble que tu as peur.

DUCERF

Non, mais j'évite tout ce qui peut m'exciter, parce qu'alors je deviens terrible, même féroce. *(Se levant.)* Il faut que j'aille chercher mon neveu.

RANCHOIS, *le retenant.*

Pourquoi craindre la mort ? Oublierais-tu qu'après cette vie il en est une autre pleine de délices ?

DUCERF, *soupirant.*

On me l'a bien dit...

RANCHOIS, *d'un air menaçant.*

Malheureux, en douterais-tu ? Serais-tu sceptique ? Ton âme aurait-elle été corrompue par les doctrines de certains philosophes ?

DUCERF

Oui, je crois à une autre vie ; mais je tiens beaucoup à celle-ci. Voilà pourquoi *(se pressant le ventre comme s'il avait des coliques)* j'éprouve le besoin d'aller... d'aller chez moi.

RANCHOIS, *le retenant*

Non, reste là. On verra, un jour, nos deux statues sur la fontaine de la Plaine. Toi, tu seras sur une masse de cornes, ce qui représente la terre et moi sur des sardines et des thons, ce qui représente la mer, et on lira :

Aux braves Ducerf et Ranchois,
morts pour la défense de leurs foyers.

DUCERF, *même jeu.*

Tu aimes donc beaucoup la gloire, toi ? C'est de la fumée, mon cher.

RANCHOIS

De la fumée qui enivre... C'est pour respirer l'odeur de cette fumée qu'il y a tant de gens qui deviennent des héros et des grands hommes.

DUCERF

Ou des fous. Je préfère vivre tranquille et ignoré.

RANCHOIS

Ducerf, sois énergique !

DUCERF

Je le serai. (*L'on paraît.*) Ah ! mon Dieu !... (*Il se cache entièrement.*) Le brigand est masqué !

LÉON, *entrant et à part.*

Usons d'un autre stratagème pour les faire déguerpir. (*Haut.*) Notre intention est de ne vous faire aucun mal. Nous promettons de respecter votre existence, si vous nous accordez pour cette nuit l'hospitalité. Rentrez chacun chez vous, et, avant le lever du jour nous aurons quitté votre maison.

DUCERF, *se levant.*

Accordé ; je monte chez moi... Tiens, tiens... il a ma robe de chambre, le chef des brigands !...

RANCHOIS, *à Ducerf.*

Homme faible qui s'en rapporte aux promesses d'un misérable qui lui a volé sa robe de chambre et qui n'ose pas nous montrer son visage ! Tu ne vois pas qu'il a peur... (*A Léon.*) Non, vous ne pénètrerez ici qu'après avoir marché sur nos cadavres.

DUCERF

Tu vas trop loin... Modère-toi, Ranchois !

LÉON

Retirez-vous, sinon je ne réponds pas des suites... (*Montrant sa seringue.*)

RANCHOIS, *bas à Ducerf.*

Crois-tu que ce soit un revolver ?

DUCERF

C'est peut-être une nouvelle machine de guerre... à éperon et cuirassée... On n'invente plus que des choses comme cela, aujourd'hui... Cède, Ranchois, et retirons-nous.

RANCHOIS

Moi, battre en retraite... jamais ! Oh ! si j'avais un fusil, un simple fusil Chassepot... seize coups à la minute...

LÉON

En ce cas... (*parlant à la coulisse*) attention, camarades !... (*il s'approche en tenant sa seringue dirigée du côté de Ranchois.*)

RANCHOIS

Au nom du respect que vous devez à la propriété, je vous défends d'approcher.

LÉON, *visant Ranchois et allant à lui.*

Sortez si vous ne voulez pas que je vous tue. (*Il leur fait faire le tour du canapé en les poursuivant.*)

DUCERF, *criant.*

Au secours ! au secours !...

RANCHOIS

Tais-toi !

LÉON

Pas de bruit, ou je...

SCÈNE XIX.

LES MÊMES, Mme RANCHOIS *et* ROSALIE, *en costume de nuit et portant chacune un flambeau, puis* JENNY, *en débardeur et masquée.*

Mme RANCHOIS, *entrant vivement.*

Que se passe-t-il donc ? (*Surprise.*) Un homme masqué ! Que voulez-vous, monsieur, à pareille heure ?

LÉON, *cachant sa seringue.*

Ne craignez rien, Madame !

ROSALIE, *entrant.*

Que vois-je, ô mon Dieu !

LÉON, *à part.*

Profitons de cette bonne occasion. (*Haut.*) M. Ranchois, votre position m'attendrit. La présence de ces dames me fait penser à un être que j'aime de toutes les forces de mon âme. (*Il va chercher Jenny.*)

DUCERF, *à Ranchois.*

C'est un brigand d'opéra-comique ; s'il allait enlever ta sœur ?

LÉON, *amenant Jenny au milieu de la scène.*

Viens, toi qui dois embellir mon existence !... (*La pressant sur son cœur.*) Viens, doux objet de ma tendresse !

RANCHOIS

Mais où allons-nous, mon Dieu ! Quoi ! il est amoureux d'un homme ?

Mme RANCHOIS

Quelle abomination !...

LÉON

Je ne sortirai qu'à la condition que vous consentirez à notre hymen.

RANCHOIS, *toujours derrière le canapé.*

Moi, souscrire à une pareille infamie ?

DUCERF

Souscris, Ranchois, souscris pour nous tirer des griffes de ces chenapans.

Mme RANCHOIS

Quelle perversité !... Voilà, Messieurs, où conduisent les mauvaises lectures !... Mon mari n'a, du reste, aucun mandat pour marier.

RANCHOIS

Je ne suis ni maire, ni adjoint. Je suis un simple électeur... Et dire qu'eux aussi sont électeurs, et qu'ils peuvent changer la face de l'État.

LÉON

Songez que votre refus peut amener de grands malheurs.

DUCERF

Donne ton consentement.. Le brigand me rendra peut-être ma robe de chambre.

RANCHOIS, *venant au milieu de la scène.*

En somme, ça m'est bien égal qu'ils se marient.

LÉON, *lui prenant la main.*

C'est bien, Monsieur, votre parole me suffit.. Je vous sais un homme d'honneur.

RANCHOIS

Donneur!... Je vous préviens que je ne vous donnerai rien Je n'ignore pas qu'en qualité de voleur vous prendrez ce que je vous refuse, mais qu'importe.. j'aurai protesté.

LÉON, *colère.*

Rétractez ces paroles injurieuses si vous ne voulez pas que je vous en demande raison.

RANCHOIS

Bon ! voilà un bandit qui veut passer pour honnête homme.

Mme RANCHOIS

C'est ce que nous voyons tous les jours.

JENNY

Allons, papa !

RANCHOIS, *surpris.*

Papa !... Moi, le père d'un de ces... Fi donc !...

Mme RANCHOIS

Ah ! monsieur Ranchois, vous avez eu des enfants en dehors de notre mariage !... (*Pleurant.*) C'est horrible !

RANCHOIS

Moi !... Allez tous à l'asile des aliénés !... Il ne manquait plus, ma femme, que tu t'en mêlasses.

DUCERF

Mélasses !... (*Il quitte sa lance et son bouclier et descend la scène.*) Oui, allons tous à l'asile des aliénés, nous y serons mieux qu'ici.

RANCHOIS

Monsieur l'honnête... voleur, veuillez, maintenant que vous avez mon consentement *(indiquant la porte du fond)*, aller vous faire pendre ailleurs !

LÉON, *se démasquant.*

C'est à votre cou que je veux me pendre ! *(Il l'embrasse.)*

DUCERF

Quoi !... *(Riant.)* C'est mon neveu !... *(Tout le monde rit, excepté Ranchois.)*

RANCHOIS

Vous riez, âmes pusillanimes ! *(Désignant Jenny.)* Quel est ce jeune homme ?

JENNY, *se démasquant.*

Votre fille, mon père !...

RANCHOIS, *chancelant, Ducerf le soutient.*

Ma fille, toi ? non, tu ne l'es plus. Tu le vois, ma femme, voilà une créature que tu as portée neuf mois dans ton sein, tandis qu'il y a des mères qui ne les portent que sept mois... Et voilà la reconnaissance des enfants !... Créez-les, allaitez-les, faites-les vacciner... Et puis ils vous déshonorent. Ma fille, je vous *(geste d'effroi de Mme Ranchois et de Rosalie)* mau... *(s'attendrissant)* non, je te bénis.

JENNY, *tombant à ses genoux.*

Merci, mon père !

DUCERF, *dans l'admiration.*

O Ranchois, que tu es beau !... que tu es grand !... *(A Rosalie.)* Et vous, mademoiselle, vous montrerez-vous à mon égard aussi magnanime ?

ROSALIE

J'aime trop ma nièce pour me séparer d'elle ; elle épouse votre neveu... Eh bien ! (*lui tendant la main*) je serai deux fois sa tante.

DUCERF, *lui baisant la main.*

Grâce à vous, Rosalie, aujourd'hui je n'ai plus rien à désirer !

LÉON, *déposant sa seringue.*

A présent que la paix est signée, désarmons.

RANCHOIS, *remettant son sabre dans le fourreau.*

Ducerf n'a pas été à la hauteur des circonstances.

DUCERF

Je me réservais pour la fin... J'ai besoin d'être émoustillé, mais une fois que mon imagination est montée je deviens un tigre. (A *Ranchois, en regardant la seringue.*) Je croyais que c'était une arme à feu... (*Riant.*) C'est... (*A part.*) Comme la peur transforme les objets !

RANCHOIS, *riant.*

Une arme à eau, une machine hydraulique. (*Avec dignité.*) Mes enfants, je vous recommande le silence sur votre escapade. Je suis estimé, honoré dans le quartier de la Plaine, puisqu'il ne m'a manqué que deux voix pour être président de mon cercle, et vous ne voudriez pas faire rougir mes cheveux blancs !

JENNY, *se mettant sous le bras de Léon.*

Que pourrait-on dire ? Léon n'est-il pas mon mari... La femme doit obéissance à son mari... Elle doit le suivre partout.

RANCHOIS

C'est juste, mais tu n'es pas encore mariée. (*A part.*) Cette enfant est un vrai prodige... Oh! c'est bien mon sang!... (*Haut.*) Enfin, pourquoi es-tu sortie sous ce costume?

JENNY

Pour aller au grand bal.

Mme RANCHOIS

Au grand bal!... Quelle inconvenance!

JENNY

Je l'avoue, maman. (*A Léon.*) Ai-je eu tort?

LÉON

Non, Jenny, puisque je devrai à ce bal le bonheur de vous posséder sept ans plus tôt.

Mme RANCHOIS

Maintenant rentrons chacun chez nous.

DUCERF, *à Rosalie.*

J'espère que dans huit jours vous entrerez chez moi.

RANCHOIS

C'est entendu, à bientôt les noces de ma fille et de ma sœur.

ENSEMBLE

AIR : *Gentille Moscovite* (Lestoq).

Sur l'amitié sincère
Qui nous lia toujours,
Bientôt l'hymen va faire
Éclore les amours.

DUCERF

AIR : *Je n'ai point vu dans ces bosquets*, etc.

Après la nuit que je viens de passer,
Un doux sommeil m'est plus que nécessaire.
Je vais dormir...

RANCHOIS, *le retenant.*

Peux-tu bien y penser
Avant d'avoir consulté le parterre ?

DUCERF

Hélas ! j'ai peur de sa sévérité.

JENNY *se plaçant entre eux.*

Ne craignez rien, toujours pour notre scène,
Nous trouverons l'urbanité
Et l'indulgence et la bonté
Chez les habitants de la Plaine,

ENSEMBLE

Chez les habitants de la Plaine.

RIDEAU

1865.

UN PERRUQUIER PHILOSOPHE

BOUFFONNERIE EN UN ACTE

Musique de J.-B. DE CROZE.

*Représentée pour la première fois sur le Théâtre Chave,
le 28 mars 1867.*

Mise en scène de M. AZÉMA.

PERSONNAGES :

NARCISSE. Il doit être fluet ; jaquette et pantalon étriqués ; un énorme toupet .... MM. COLOMBIN.

LETURC, fort embonpoint, longue barbe, chauve, manières brutales ; un costume bourgeois un peu excentrique. Il porte un gros bâton .... LÉONARD.

La scène se passe à Marseille.

UN PERRUQUIER PHILOSOPHE

Le théâtre représente un salon de coiffure. — Porte dans le fond près de laquelle est une fenêtre. — A droite, au premier plan, une table sur laquelle sont des rasoirs, un peigne, des serviettes, un plat à barbe et un cuir à rasoir. — A gauche, au premier plan, un fauteuil, des chaises.

SCÈNE PREMIÈRE

NARCISSE, *seul. Il jette, en entrant, son chapeau sur une chaise, et retrousse ses manches.*

La peste soit des principaux locataires! (*) Six cents francs d'augmentation d'un seul coup!... (*Il se donne un coup de peigne.*) Oh! qu'il me faudra faire des barbes afin de payer cet excédant! (*Au public.*) Figurez-vous qu'un dentiste vient de prendre la maison à bail, et, sous prétexte que ce magasin est sur le Port, il m'augmente le loyer de six cents francs par an, tandis que je ne le payais que quatre cents au propriétaire!... Ne sachant où abriter ma tête et celle de mes pratiques, j'ai été forcé d'en passer par là. Six cents francs d'augmentation!... C'est trop fort!... (*Il fixe le peigne à son toupet.*) « Tonds

---

(*) A l'époque où cette pièce fut jouée, beaucoup de loyers avaient été augmentés par suite des locations que firent plusieurs spéculateurs qui prenaient à bail un certain nombre de maisons sous-louées ensuite à des prix exorbitants. Ces industriels réalisèrent d'énormes bénéfices.

aussi ras que possible, mais n'écorche jamais, » me disait mon premier maître, un praticien distingué dans l'art de couper les cheveux et dans celui de faire le poil et le contre-poil... Ces sages paroles, passant de bouche en bouche, ont été dénaturées par l'esprit mercantile de notre siècle. Ce n'est plus aujourd'hui : « Tonds, mais n'écorche jamais ; » c'est le contraire qui a lieu. O maître ! vous qui avez inculqué dans mon cerveau les éléments de cette philosophie antique dont vous professiez les doctrines, dormez en paix ; car si vous viviez, entraîné sans doute par l'appât du gain, vous vous jetteriez comme tant d'autres dans la spéculation... (*Il met une serviette sur le dossier du fauteuil, et après un soupir.*) Allons ! sachons supporter nos maux, en continuant de nous dévouer à l'embellissement du visage de notre semblable... Voilà mon devoir (*avec fierté*), je saurai le remplir.

PREMIER COUPLET

Dans ce métier
De perruquier
Où brille mon adresse,
Chacun peut voir
Que mon rasoir
Agit avec prestesse.
Qui veut aimer,
Qui veut charmer,
Fréquente ma boutique ;
Jamais beauté
N'a résisté
Aux clients que j'astique !
Et toi, pauvre coiffeur,
De leurs succès l'auteur,
Étouffe dans ton cœur
Tes chagrins, ta douleur

DEUXIÈME COUPLET

    Chez moi, j'entends
    Bien des clients
Raconter leurs prouesses ;
    Mais les ingrats
    Ne disent pas
Que, s'ils ont des maîtresses,
    C'est par l'effet
    De leur toupet
Et non de leur figure :
    Les plus vilains
    Ont par mes mains
Transformé leur nature.
Et toi, pauvre coiffeur,
De leurs succès l'auteur,
Etouffe dans ton cœur
Tes chagrins, ta douleur.

Ils sont heureux mes clients : leurs amours vont comme sur des roulettes ! tandis que moi, je suis privé de ma belle Constance !... J'ai fait un rêve curieux : me tombera-t-il encore une tuile sur la tête ? (*Avec fermeté.*) Perruquier, souviens-toi que tu n'es qu'un homme... Apprends, quoi qu'il advienne, à courber ton front devant la destinée, et n'oublie jamais qu'au-dessus de la puissance (*montrant le ciel*) il en est une qui... Mais quelqu'un entre... C'est sans doute une barbe !

SCÈNE II

NARCISSE, LETURC. (*Il arrive à grands pas au milieu de la scène sans que Narcisse ait aperçu son visage.*

LETURC, *il vient, tout en parlant, se placer devant*
    le fauteuil.

Le bateau est en vue, tâchons de trouver un endroit où je puisse attendre son arrivée.

NARCISSE, *s'approchant de Leturc pour lui mettre une serviette autour du cou.*

Monsieur veut-il s'asseoir ?

LETURC

Monsieur désire ?

NARCISSE, *il recule de plusieurs pas en voyant la barbe de Leturc.*

Ciel ! je croyais que monsieur voulait se faire raser !... Monsieur veut alors se faire coiffer ?

LETURC, *se découvrant.*

Pas davantage.

NARCISSE, *à part.*

Si les perruquiers n'avaient que des pratiques comme celle-là, je crois qu'ils pourraient bien fermer leur boutique.

LETURC, *le regardant et à part.*

Voilà un homme à qui on ne prêterait pas cent sous (*haut*) et qui trouve pourtant des gens qui osent lui confier leur tête ; ce ne serait pas moi.

NARCISSE

Monsieur tient donc beaucoup à la sienne ?

LETURC

Je ne la donnerais pas pour cent mille francs.

NARCISSE

Il me semble que le prix est exagéré, car elle n'a rien d'extraordinaire votre tête !

LETURC, *secouant le bras de Narcisse avec colère.*

Perruquier, je ne la cèderais pas pour un million !

NARCISSE

Un million ! Il paraît que vous êtes bien riche ?

LETURC, *à part.*

A-t-il l'esprit obtus ce perruquier !

(*D'un ton dramatique.*)

Sans elle, dites-moi, que ferais-je du reste ?

NARCISSE, *sur le même ton.*

La question, monsieur, me paraît un peu... leste.

LETURC, *à part.*

Il ne saisit pas. (*Le regardant.*) Voilà donc un successeur des barbiers auprès desquels notre grand Molière allait puiser ses inspirations !... O France ! On a dit que tant qu'il te resterait des perruquiers, tu serais, par ton esprit comme par ton génie artistique, la première nation du monde... Eh bien ! en regardant ce figaro-là, je frémis pour ton avenir !...

NARCISSE, *à part.*

Que diable marmotte-t-il ? Je dois lui paraître un rusé... (*Le saluant.*) Monsieur voudrait-il me dire ce qui me procure l'honneur de sa visite ?

LETURC, *à voix basse et lentement.*

Je cherche un lieu... où... sans être vu... je puisse...

NARCISSE, *l'interrompant et avec dignité.*

En ce cas, vous auriez dû remarquer, avant d'entrer, que mon établissement n'est pas disposé pour les gens... indisposés... Prendre un magasin qui contient de la parfumerie pour un... Horreur !...

LETURC

Mais que me chantez-vous là? Vous n'avez pas de nez, perruquier!

NARCISSE

Au contraire, je ne sens que trop.

LETURC, *colère.*

Encore! Pas de quiproquo, s'il vous plaît. (*Plus calme.*) Je viens attendre l'arrivée d'un bateau. Ne voulant pas être vu des voyageurs qui s'y trouveraient, je me suis introduit chez vous pour faire, au moment de leur débarquement, une apparition aussi soudaine que tragique... Comprenez-vous maintenant?

NARCISSE, *à part.*

C'est un fou.

LETURC

Perruquier, combien vous loue-t-on cette boutique?

NARCISSE, *à part.*

Soyons prudent, c'est peut-être un principal locataire qui cherche à supplanter l'autre, et par conséquent m'augmenter encore le loyer!... (*Haut.*) Monsieur voudrait ce magasin?

LETURC

Non; je désirerais seulement l'occuper pendant une heure, là, à cette place. (*Indiquant le côté de la fenêtre.*) A quel prix me cèderez-vous un mètre carré?

NARCISSE, *fièrement.*

Monsieur, je ne serai jamais assez principal locataire pour profiter de ma position, et, si le motif qui vous conduit chez moi est avouable, je vous dirai que (*il chante sur l'air de* la Dame Blanche, *1ᵉʳ acte.*)

Chez les perruquiers marseillais
L'hospitalité se donne,
Elle ne se vend jamais... non, non, jamais,
Chez les perruquiers marseillais.

LETURC, *lui prenant la main.*

C'est bien ! voilà un trait qui vous honore. (*A part.*) Faisons-le causer afin de gagner du temps. (*Haut.*) Je parierais que vous êtes Gascon ?

NARCISSE

Vous perdriez. Moi, Gascon ? Ah ! bien oui ! je suis de Béziers, département de l'Hérault.

LETURC

C'est, en effet, la terre classique du coup de peigne et du plat à barbe. Béziers, c'est la patrie des vrais perruquiers.

NARCISSE, *avec orgueil.*

Et de M. Viennet, membre de l'Académie française. Je suis persuadé que c'est une affaire d'amour, un rendez-vous qui vous retient ici, homme heureux.

LETURC, *avec mystère et d'une voix caverneuse.*

Une vengeance ! (*Il va à la fenêtre et redescend.*)

NARCISSE

Fichtre !... Pour une femme, n'est-ce pas. Narrez-moi cette histoire pendant que je vais repasser mes outils. (*Il passe ses rasoirs sur le cuir.*) Les perruquiers sont généralement curieux.

LETURC, *à part.*

Oh ! oui, ils sont curieux !.. (*Il regarde de temps en temps du côté de la fenêtre.*) Allongeons notre récit pour lui faire prendre patience. (*Haut.*) Tel que vous me voyez, sans être enrhumé, j'ai parcouru la terre *en tous sens*, je suis allé même beaucoup plus loin. Ma profession de pourvoyeur de diverses ménageries nationales, royales et impériales m'a obligé de me mettre en rapport avec les bêtes de tous les pays. (*Le saluant.*) Croyez bien, monsieur, que ma présence auprès de vous est étrangère à mon industrie.

NARCISSE, *avec assurance.*

Cette observation devenait inutile, monsieur le pourvoyeur de ménageries !

LETURC

J'étais en Islande, où j'achetais des moutons à six cornes, — il y a des moutons qui en ont même davantage dans ce pays-là, — pour les expédier à une société de lorettes qui veulent en faire cadeau à leurs amants.

NARCISSE

Et dans quel but ? (*Il remet les rasoirs sur la table.*)

LETURC

De leur prouver sans doute que, puisque la tête des moutons porte six cornes, celle de l'homme, qui est beaucoup plus forte, peut en porter un plus grand nombre.

NARCISSE, *lui tapant sur le ventre.*

Vous êtes un farceur !

LETURC, *colère.*

Je n'aime pas ces familiarités, perruquier !... Je terminais mon expédition, quand je reçus du valeureux roi de Benin la commande de mille chameaux pour remonter sa cavalerie qui avait été décimée dans un combat naval par la flotte combinée des habitants du Grand Désert.

NARCISSE

Pardon, si je vous interromps ! — N'est-ce pas dans ces contrées que croît le cocotier ?

LETURC

Précisément.

NARCISSE, *riant.*

Je ne suis plus étonné que vous abusiez des fruits que porte cet arbre ; car vous *me faites avaler de fameux cocos.* (')

LETURC

Je traduis fidèlement la lettre que m'a adressée le ministre du souverain de Benin.

NARCISSE

Du moment que c'est un ministre qui s'exprime ainsi, le doute n'est plus permis, et je m'incline devant l'autorité de sa parole.

LETURC

C'est très bien !... Dès la réception de cet ordre important, je pris immédiatement le chemin de fer et, sans m'arrêter, j'arrivai dans le nord de l'Afrique. Je m'occupais de mes bêtes, quand le hasard me fit rencontrer une femme... Quelle femme ! la voir et l'adorer fut l'affaire d'un clin d'œil !... Je déclarai mon amour à cette superbe créature, en la menaçant de lui flanquer une raclée si elle ne répondait pas de suite à ma tendresse.

(') Cette locution, fort usitée en Provence, signifie en faire accroire.

NARCISSE

Bigre ! comme vous y allez !...

LETURC

J'eus le bonheur de voir mes propositions acceptées par la belle ; et un rendez-vous me fut accordé pour le lendemain, au lever de l'aurore.

NARCISSE, *riant.*

Fortuné séducteur ! gros lovelace !... Ah ! ah !

LETURC, *furieux.*

Pourquoi riez-vous ? Cette femme était, à l'heure qu'elle m'avait fixée, avec un autre... oui, avec un autre homme !...

NARCISSE

Quelle infamie !... C'était, en effet, fort désagréable pour vous. (*A part.*) On l'a fait poser, le pourvoyeur d'animaux. (*Haut.*) Et quel était cet homme ?

LETURC

Un vieillard. Elle m'a dit que c'était son oncle. Mensonge !... C'était un protecteur, c'était... Les femmes savent toujours trouver des mots convenables pour qualifier ce qui est inqualifiable. Si elle a cru, en présence de mon exaspération, me désarmer par cette réponse insidieuse... elle se trompe. Leturc a juré de se venger, et il se vengera. (*Il va à la fenêtre et redescend.*)

NARCISSE

Qui ça, le Turc ?

LETURC

C'est moi. (*Narcisse lui fait un salut à l'orientale.*) J'appris qu'elle devait partir le lendemain pour Marseille ; alors je m'embarquai sur-le-champ pour arriver avant elle et lui administrer ce que je lui ai promis ; Perruquier, un honnête homme n'a que sa parole ! Je lui ai promis une rincée ; elle la recevra dès qu'elle mettra le pied sur le sol de notre patrie... Car, je vous le répète, je suis un homme d'honneur !...

DUO

NARCISSE

On peut être un homme d'honneur,
Sans être un donneur de rincée ;
On obtient, suivant ma pensée,
Plus par le miel que par l'aigreur.

LETURC

Erreur ! La femme, croyez-moi,
Recherche la force chez l'homme,
Et c'est de celui qui l'assomme
Qu'elle accepte toujours la loi.

Agitant son bâton.

Point de faiblesse :
Qui frappe fort,
Verra son sort
Plein d'allégresse.

NARCISSE

Ce principe affreux
Peut-il rendre heureux
Celui-là même qui l'applique !
Car à la bonté,
Jamais la beauté
N'a préféré des coups de trique.

ENSEMBLE

NARCISSE

Homme trop dur,
Votre système
Me dit lui-même
Qu'il n'est pas sûr
Qu'une femme vous aime.

LETURC
En tapant dur,
C'est un système
Qui, par lui-même,
Me rend très sûr
De la femme que j'aime.

NARCISSE

Suivez mon conseil : avec de la modération, vous arriverez.

LETURC, *colère.*

De la modération ! Mais *(frappant sur le cœur de Narcisse)* il n'y a donc rien là ? O poule mouillée ! de la modération, moi ? jamais !

NARCISSE, *à part.*

Il est enragé cet homme ! *(Haut.)* Croyez-moi, la femme est un être délicat qui demande beaucoup de ménagements, beaucoup de douceur... Oh ! oui *(indiquant qu'elle est gourmande)* énormément de douceurs...

LETURC

Mes ménagements, ma douceur, les voilà ! *(Montrant son bâton. Il va à la fenêtre et redescend.)*

NARCISSE

Votre bâton ? Vous appelez cela des ménagements ? *(A part.)* J'ai fait un calembour. *(Haut.)* Nous ne sommes pas du même avis. *(Après un soupir.)* O homme barbu ! sans le vouloir, vous avez rouvert mes plaies !...

LETURC, *s'éloignant de lui.*

Vous avez des plaies, perruquier ?

NARCISSE

Morales ! Je suis marié. J'avais une femme avec laquelle j'ai passé de bien beaux jours. Elle était d'une adresse !... Elle faisait tout ce qu'elle voulait (*il éternue*) de ses doigts.

LETURC

Que Dieu vous bénisse! car vous le méritez. Et votre femme?

NARCISSE, *après un soupir.*

Je ne l'ai plus.

LETURC

Vous l'avez perdue ?

NARCISSE

Le ciel m'en préserve !... Elle est loin de moi, mais elle reviendra, j'ai sa promesse.

LETURC

Si elle m'a trompé, si le vieux monsieur n'est pas son oncle véritable, je serai féroce... Je ne suis pas comme vous, moi!

NARCISSE

Encore une fois je vous recommande la modération. (*D'un ton dramatique.*) La colère n'enfante que des regrets quand elle n'enfante pas des remords !... O amour! à quoi ne nous exposes-tu pas! J'ai bien aimé, monsieur, et j'aime encore .. Elle est si jolie, elle est si...

LETURC

Si quoi?

NARCISSE

Si caressante. Je me rappelle quand, ma tête appuyée sur ses genoux, elle passait ses doigts effilés dans mes cheveux parfumés... Brrr !... Ce souvenir me fait éprouver de singulières émotions !...

LETURC, *avec un énorme soupir.*

A moi aussi on les passait et on les repassait (*indiquant son gousset, et à voix basse*); mais dans un autre endroit.

NARCISSE, *qui n'a pas vu le geste.*

Vous? ça n'est pas possible.

LETURC

Et pourquoi?

NARCISSE

La nudité de votre crâne me fait supposer que...

LETURC

Les grands hommes ont été chauves à cause de la chaleur de leurs idées; vous comprenez! César l'était comme moi, et cependant toutes les femmes l'adoraient. (*Lui frappant sur l'épaule.*) Vous ne connaissez pas César?

NARCISSE

César? Je crois bien que oui, c'est un de mes abonnés, un marchand de parapluies.

LETURC

O l'ignare! César était un empereur romain.

NARCISSE, *à part.*

Il m'humilie, rabaissons son orgueil. (*Haut*) Vous seriez pourtant bien embarrassé si une femme vous demandait une mèche de vos cheveux.

LETURC

Les femmes aujourd'hui dédaignent ces sortes de présents, elles préfèrent d'autres cadeaux. (*Il fait semblant de compter de l'argent.*)

NARCISSE, *qui n'a pas vu le geste.*

Votre trique peut-être? Ce qui est encore consolant, c'est que vous ne pouvez pas vous arracher les cheveux quand vous vous mettez en colère?

LETURC, *lui frappant sur l'épaule.*

Je ne crains pas non plus qu'on me coiffe, ni qu'on me tonde.

NARCISSE

Soyez chauve ou non, on vous coiffe et on vous tond tout de même.

LETURC

Pas moi; car si quelqu'un l'essayait, son compte serait vite réglé. (*Il va à la fenêtre.*) Le bateau est en retard. (*A part, redescendant.*) Continuons de le faire parler : perruquier et perroquet pour moi c'est synonyme. (*Haut.*) Dites-moi donc comment vous avez connu votre femme et pourquoi elle vous a délaissé.

NARCISSE

Quand je vins au monde, la nature se montra si généreuse pour moi que, dans leur enthousiasme, les auteurs de mes jours me nommèrent Narcisse. Depuis lors, j'ai conservé ce prénom qui est, au point de vue physique, celui de la perfection humaine.

LETURC

Il paraît que vous avez bien changé depuis cette époque.

NARCISSE, *avec fatuité.*

Une femme qui aurait le sentiment du beau apprécierait mieux que vous ne le faites les agréments de ma personne. Un jour, une dame, une modiste me pria d'aller chez elle pour la coiffer ; je vis que ma physionomie, ma galanterie, ce je ne sais quoi dont la nature s'est montrée prodigue à mon égard, ne lui étaient pas indifférents. Je profitai de son bon goût pour l'entretenir de l'amour que je ressentais pour elle. Ma proposition fut accueillie, et nous nous mariâmes. L'intérêt ne m'a pas guidé : elle n'a qu'une espérance, un oncle, dont elle est l'unique héritière, et à qui elle tire de temps à autre des carottes d'une assez longue dimension.

LETURC, *à part.*

Il y a encore un oncle là-dessous...

NARCISSE

Je nageais depuis deux ans dans un océan de délices, lorsqu'un de mes clients, un capitaine de navire marchand, offrit à ma femme le passage gratuit sur son bateau, pour la conduire en Afrique, auprès de ce riche parent.

LETURC, *surpris.*

En Afrique ?

NARCISSE

Entendez-vous ? gratis ! Quelle belle action ! quel grand capitaine !

LETURC

C'est vraiment un capitaine digne de l'antiquité. Et votre femme partit avec lui ?

NARCISSE

Elle partit avec lui.

LETURC, *à part.*

J'ai vu des bipèdes de toutes les espèces ; mais comme celui-là, jamais.

NARCISSE, *prenant la main de Leturc.*

O amour! tu nous as perdus tous deux... Deux, qu'est-ce que cela? puisque tu perdis Troie!... (*A part.*) Misérable! dans ta douleur, tu te permets un calembour! C'est mal, Narcisse! (*Il paraît abattu.*)

LETURC, *le regardant.*

Sacrebleu! du courage! vous n'êtes pas un homme, vous! c'est du sang de lapin qui coule dans vos veines!... (*Narcisse s'appuyant sur Leturc.*) Et comment se nomme votre femme?

NARCISSE, *avec sentiment.*

Son nom!... c'est celui que l'amour véritable prononce et jure d'observer; c'est celui qui lie le soldat à son drapeau; son nom! c'est le dévoûment, c'est la fidélité. — Le nom de ma femme, c'est Constance.

LETURC, *s'éloignant à ce mot, laisse tomber Narcisse.*

Constance!... Serait-ce elle?

NARCISSE, *à genoux.*

Qui, elle? (*On entend une cloche.*)

LETURC

Ah! le bateau arrive!... Les voyageurs vont descendre, courons... (*Il prend vivement une serviette, s'essuie le visage et la met dans sa poche comme si c'était son mouchoir.*) Je vole... Je vole à leur rencontre. (*Il sort précipitamment.*)

SCÈNE III

NARCISSE *seul, il se relève lentement.*

Vous volez? Certainement que vous me volez, puisque vous emportez une partie de mon mobilier industriel.

Je ne me suis pas trompé, cet homme que j'avais pris pour un principal locataire, n'est rien autre qu'un flibustier. Qui sait s'il ne m'a filouté qu'une serviette? (*Regardant sur la table.*) Il ne me manque pas autre chose... Oh! si j'avais eu un fusil ou un pistolet, il ne m'aurait pas escamoté mon linge...; mais en fait d'armes à feu, je n'ai que mes fers à friser ou à papillotes.. (*Après réflexion, il va regarder par la fenêtre.*) Si je le faisais mettre à l'ombre... Justement il est là, exposé à l'ardeur du soleil... On dirait qu'il revient... C'est sans doute pour me voler de nouveau? (*Redescendant la scène.*) Profitons de son retour pour le faire empoigner. (*Il crie en courant vers la porte,*) Au voleur! au voleur! (*Il se jette sur Leturc, qui rentre tête baissée; il tombe à la suite de cette rencontre.*) Crédié!... (*se frottant le bas du dos*) quelle chute!...

SCÈNE IV

LETURC, NARCISSE, *se relevant.*

LETURC, *à part.*

Voyez donc le hasard! Celle que je voulais assommer, c'est la femme du perruquier!... Elle a eu encore l'impudence de me remettre cette lettre. (*Haut.*) Voici un billet qu'une dame m'a prié de vous...

NARCISSE, *surpris.*

Ciel! une lettre de ma femme! (*Il ouvre la lettre.*) Ma vue se trouble! mon esprit bat la campagne! (*rendant la lettre.*) Lisez, je vous en prie. O Constance! que vas-tu m'apprendre?

LETURC, *lisant.*

« Mon beau Narcisse (*Il le regarde en haussant les*

épaules.) Mon beau ! (*Narcisse se rengorge.*) Je t'écris ces
« mots qui calmeront les tiens. J'ai eu pendant mon
« voyage une belle mer, aussi n'ai-je point ressenti ce
« mal qu'il me serait agréable que tu me procurasses. »
(*Il le regarde avec intention.*)

NARCISSE
Je saisis ce qu'elle veut dire... Allez toujours.

LETURC
« Nous avons filé je ne sais combien de nœuds à
« l'heure; mais tous ces nœuds-là ne valent pas ceux
« que nous avons formés ensemble... »

NARCISSE, *soupirant.*
Oh ! non, Constance, oh ! non ! ils ne les valent pas !...

LETURC
« J'ai bien besoin de t'embrasser... »

NARCISSE
Et moi aussi, et moi aussi. (*Il pleure; Leturc, croyant lui donner son mouchoir pour essuyer ses yeux, lui rend la serviette, et à part.*) Il me rend mon bien ! C'est un brave homme dans son genre. (*Haut.*) Continuez...

LETURC
« Accours au plus tôt, mon chéri, auprès de la femme,
« de ta Constance, qui t'attend avec impatience pour que
« tu viennes lui porter ses paquets... Post-scriptum. J'ar-
rive avec des *monacos*... » Elle vous dira que les pièces de cent sous qu'elle vous apporte sont des économies qu'elle a faites... Les femmes ne sont jamais embarrassées pour nous dorer les plus affreuses pilules.

NARCISSE, *avec dignité.*

Non, monsieur, cet argent ne provient pas de ce que vous supposez... C'est un don que lui aura fait son oncle...

LETURC, *à part.*

Pauvre homme, va ! J'ai bien des oncles ; mais il n'y a rien à gagner avec eux... A la vérité je ne suis pas une nièce.

NARCISSE

A propos, avez-vous vu la dame que vous attendiez pour .. (*Faisant le geste de frapper.*)

LETURC, *à part.*

Soyons discret. (*Haut.*) Elle est morte pendant la traversée.

NARCISSE

Convenez-en, c'est une bonne idée qu'elle a eue pour éviter... (*Faisant semblant de battre.*) Allons trouver Constance .. elle vous consolera de cette perte... Elle est si bonne, ma femme !...

LETURC, *le retenant.*

Perruquier, soyez dorénavant sévère avec votre femme et terrible avec tous ceux qui s'approcheront d'elle. Employez le moyen que l'amitié vous offre (*Montrant son bâton.*) Je vous laisse ma trique comme un bon souvenir... La persuasion arrive toujours avec ce procédé.

NARCISSE (*la refusant.*)

Jamais la rigueur, tout par la douceur.

LETURC

C'est la maxime des faibles.

NARCISSE

Le plus fort est faible avec la femme : Hercule filait devant Omphale.

LETURC

Moi, Leturc, je ne file jamais.

NARCISSE

Cependant, celle que vous avez rencontrée en Afrique vous a bien fait... filer.

LETURC, *furieux.*

Silence, perruquier ! (*S'approchant de lui, le poing fermé.*) D'après vous, il faudrait donc être ?..

NARCISSE

Il faut savoir être ce qu'on ne peut empêcher... Voilà ma philosophie à moi... Le temps presse, partons !

LETURC, *le prenant par le cou comme pour l'étrangler.*

O homme pusillanime ! encore un mot, c'est pour votre bonheur :

DUO

De la femme faites-vous craindre,
Pour qu'elle soit à son devoir !

NARCISSE

Quoi ! par la force la contraindre ?
L'amour m'offre un autre pouvoir.

LETURC

La crainte la rendra fidèle.

NARCISSE

La crainte assure mal un cœur.

LETURC

La femme est trop souvent rebelle...

NARCISSE

Jamais à qui fait son bonheur.

(Ils vont tous deux vers le fond, et redescendent vivement.)

ENSEMBLE

NARCISSE

Ah !

Laissez-moi ma croyance,
Elle me rend heureux.
Viens, ma belle Constance,
Viens partager mes feux.
Pourrais-je être sévère
Quand tu fais tout pour moi :
En cherchant à te plaire,
J'obtiendrai tout de toi !

LETURC

Oh !

Laissons-lui sa croyance,
Elle le rend heureux.
De sa belle Constance
Il est trop amoureux.
Il est sans caractère :
Un mari, selon moi,
Chez lui doit savoir faire
Tout plier sous sa loi.

LETURC, *montrant son bâton.*

Mettez mon système en usage :
Rien ne vaut les coups de bâton.

NARCISSE

Moi, j'emploie un plus doux langage :
Les coups ne sont pas la raison.

LETURC

Dans la force le droit réside.

NARCISSE

Le droit est avec l'équité.

LETURC

Du succès la force décide.

NARCISSE
J'obtiens le mien par la bonté.
(*Résolûment.*)

ENSEMBLE

NARCISSE

Oh !

Laissez-moi ma croyance, etc.

LETURC

, Ah !

Laissons-lui sa croyance, etc.

NARCISSE, *montant la scène.*

Venez, les bagages doivent être débarqués. Venez ! Vous ne voyez pas (*s'exaltant.*) que je suis dans le paroxysme de la passion ! O Amour ! soutiens-moi !

LETURC, *s'approchant pour le soutenir.*

Je suis là, ne craignez rien. (*Ils redescendent la scène.*)

NARCISSE

Vous prendriez-vous pour l'Amour, vous qui ne l'avez jamais connu ?

LETURC

Chez vous ce sentiment est une niaiserie, un enfantillage : vous aimez à la manière des pigeons, des serins ; tandis que chez moi l'amour c'est de la rage, ce sont des grincements de dents ; c'est l'amour des lions que j'ai fréquentés. J'étouffe quand j'embrasse.

NARCISSE

Cela doit être fort agréable pour celle que vous gratifiez de votre affection.

LETURC, *lui tendant la main.*

Adieu, perruquier !

NARCISSE, *se frappant le front.*

J'ai une idée.. Écoutez! Vous avez une profession qui donne des bénéfices, j'en conviens, mais qui vous expose journellement à être dévoré par votre marchandise.. Si je vous offrais un métier où vous dévoreriez à votre aise votre marchandise sans craindre le moindre coup de dent de sa part.. Qu'en pensez-vous?

LETURC, *à part.*

Que diable va-t-il me proposer? (*Haut.*) Serait-ce la gérance d'une raffinerie de sucre?

NARCISSE

Vous, pour les sucres (*appuyant*) raffinés? (*Riant.*) Oh! non! si c'était pour les autres, on pourrait encore...

LETURC, *l'interrompant.*

Les bruts, n'est-ce pas?.. Perruquier, ne vous permettez plus de pareilles plaisanteries, sinon je... (*Le menaçant de son bâton.*) Sachez qu'il serait à désirer, pour un grand nombre de sociétés en commandite, que les actionnaires fussent un peu plus raffinés et que leurs gérants le fussent beaucoup moins.

NARCISSE

J'ai mieux qu'une raffinerie. (*Avec ironie.*) L'élégance de vos manières, la sensibilité des fibres de votre cœur, tout indique chez vous l'homme qui ferait un excellent principal locataire.

LETURC

Quel est ce commerce?

NARCISSE

Ce n'est pas un commerce, c'est une spéculation qui

consiste à prendre une douzaine de maisons à bail; vous les sous-louez, et, sans débourser un centime, vous gagnez de 12 à 15 mille francs par an.

LETURC

Ce bénéfice me convient, et j'accepte.

NARCISSE

Partons, homme chauve et barbu! Constance m'appelle, l'amour m'ouvre ses bras. (*Il met son chapeau.*)

LETURC

N'oubliez pas que vous avez en moi un ami dévoué; et, si quelqu'un tournait autour de votre femme, souvenez-vous que je suis là... (*Il lui applique un fort coup de poing sur l'épaule.*)

NARCISSE, *se frottant.*

Sapristi! quel poignet! (*A part.*) Cet homme est réellement bâti pour la fortune. (*Le regardant.*) Quel admirable principal locataire! (*Haut.*) Dépêchons-nous? Constance m'attend! (*Il chante . « Partons, les chemins sont ouverts! Suivez-moi!... »*

(*Ils vont bras dessus, bras dessous, pour sortir, puis, à pas comptés, redescendent la scène en se frappant le front.*

(*Ils font, en saluant, le jeu de scène des chapeaux.*)

LETURC, *gravement.*

Messieurs!

NARCISSE, *gaîment.*

Mesdames!

NARCISSE, *à Leturc.*

Permettez! (*Au public.*)

FINAL

Ce matin, temps à l'orage;
Ce soir, le beau se maintient;
Sachons donc, suivant l'adage,
Prendre le temps comme il vient.

ENSEMBLE

NARCISSE

Il est une catastrophe
Que redoute mon repos;
On peut être philosophe,
Mais on aime les bravos.

LETURC

Il craint une catastrophe :
Pour assurer son repos,
Au perruquier philosophe,
Messieurs, donnez vos bravos!

(Ils font le geste d'applaudir, se donnent le bras, et sortent en saluant et en répétant le jeu de scène des chapeaux.)

RIDEAU

1866.

CHASSEUR ET PÊCHEUR

OPÉRETTE EN UN ACTE

Musique de J.-B. DE CROZE.

Représentée dans un salon en 1869.

PERSONNAGES :

LUMIGNON, chasseur (25 ans), costume élégant.

MOUCHET, pêcheur (50 ans), fort embonpoint, grand chapeau de paille, veste, pantalon retroussé jusqu'aux genoux, une longue ligne, une corbeille de pêche en baudoulière.

LÉONARD, garde-champêtre (40 ans), tricorne, guêtres et sabre.

La scène se passe aux environs de Marseille.

CHASSEUR ET PÊCHEUR [1]

Un bois. — A droite, un banc de gazon au pied d'un arbre. — Dans le fond, éclaircie qui permet de voir : à gauche, une montagne ; à droite, le rivage de la mer. — Au lever du rideau il fait presque nuit.

SCÈNE PREMIÈRE.

LUMIGNON, *seul.*

(*Il descend lentement de la montagne en tenant son fusil.*) Mon premier coup de fusil n'a pas été heureux : j'ai cru viser un lièvre, et c'est un chien que j'ai tué. Voltaire a dit que le chien est le meilleur ami de l'homme. Il m'est permis d'en douter ; car dernièrement un boule-dogue m'a mordu à certain endroit... charnu, qu'un soldat ne doit jamais présenter à l'ennemi. Néanmoins, je viens de placer au pied d'un arbre le pauvre défunt, puis j'ai prononcé quelques paroles bien senties sur sa fidélité. Je connais beaucoup de gens (*au public*). — veuillez remarquer que je ne fais pas de politique — sur la tombe desquels on n'en dira pas autant. L'heure du crépuscule inspire de bonnes pensées... (*La scène s'éclaire peu à*

[1] Le compte-rendu de cette opérette a paru dans le *Petit Marseillais* du 5 avril, dans le *Nouvelliste* du 8 avril, et dans le *Phare* du 11, même mois de l'année 1869.

peu.) Le lever de l'aurore adoucirait le cœur d'un chirurgien-dentiste ou d'un huissier. Que l'on se sent heureux en voyant ce que Dieu a fait pour nous !... Vivent les champs !... Les hommes préfèrent la ville... Je la leur abandonne en un tel moment avec joie ; aucun des plaisirs qu'ils y goûtent ne vaut celui que me fait éprouver le premier sourire du soleil.

PREMIER COUPLET

Restez auprès de vos maîtresses,
  Amants jaloux !
Leurs attraits, comme leurs caresses,
  Me sont moins doux
Que les charmes de la nature
  A son réveil,
A l'heure où tout chante ou murmure :
 (*Se découvrant.*)
  Salut, soleil !

REFRAIN

Merles, pinsons, fauvettes,
Calmez votre frayeur ;
Vos douces chansonnettes
Attendrissent mon cœur.
Mais si d'une bécasse
Je découvrais la trace,
Alors changeant de ton,
(*L'ajustant avec son fusil.*)
 Je lui dirais : Tonton,
 Tontaine, tontaine, tonton.

DEUXIÈME COUPLET

Je veux pour cette heure bénie,
  Chantres des bois,
A votre joyeuse harmonie
  Mêler ma voix.

Roitelets, pics-verts, hirondelles,
Plus de sommeil,
Le jour se lève, ouvrez vos ailes...
(Se découvrant.)
Salut, soleil !

REFRAIN
Merles, pinsons, fauvettes, etc.

Tenons-nous dans ce bois ; il me paraît giboyeux, et tâchons de ne pas tirer notre poudre aux moineaux, comme font tant de journalistes. (*Sortant par la gauche.*) Et que saint Hubert soit mon guide !... (*Il chante.*)

Tonton, tontaine, tonton.

SCÈNE II.

MOUCHET, *seul.*

(*Il vient du côté du rivage, en portant sa veste sur l'épaule, et appelle.*)

Nina ! Nina !... Ma chienne se sera donné de l'air. La gaillarde aura joué des jambes pendant que les miennes étaient dans l'eau. (*L'appelant.*) Pst, pst !... Ah ! ouiche, elle ne vient pas. Aussi pourquoi suis-je allé me fourrer dans l'eau ? Il faut dire que j'ai passé toute la nuit, assis sur la pointe un peu trop aiguë d'un rocher, sans que le moindre poisson ait daigné mordre à mon asticot. Cette position n'étant pas fort agréable, je me suis décidé ce matin à pêcher des coquillages. Là, j'ai été plus heureux : (*il pose sur le banc sa veste et sa corbeille dans laquelle se trouvent les objets dont il parle*) j'ai pris dix moules. Avec quel appétit je vais manger ces mollusques arrosés de mon vieux vin de Cassis ! (*Montrant la bouteille.*)

Comme je vais me régaler ! Mais il me faut Nina .. Je ne pourrai pas déjeuner sans elle... (*Plaçant sa ligne contre l'arbre qui est près du banc.*) Ingrate ligne, tu m'as trahi !... Au lieu de m'apporter du poisson, tu n'as recueilli cette nuit que des objets qui n'ont point été créés pour notre estomac. (*Il tire ces objets de sa corbeille et les jette.*) Ç'a été d'abord une chaussette, puis une bretelle, et enfin une natte de cheveux. (*La montrant.*) Voilà, mesdames, à quoi nous nous exposons en portant des choses qui ne nous appartiennent pas !... On peut les oublier ou les perdre, et chacun alors s'aperçoit de notre supercherie... (*On entend un coup de fusil dans le lointain.*) Ce chasseur a sans doute plus de chance avec son fusil que je n'en ai eu avec ma ligne. Mais ma chienne, où donc est-elle ? (*Il l'appelle en allant du côté par lequel doit rentrer Lumignon.*) Nina ! Nina ! viens vite, ma chérie !

SCÈNE III.

MOUCHET, LUMIGNON.

MOUCHET, *se découvrant.*

Pardon ! monsieur, vous ne l'auriez pas rencontrée ?

LUMIGNON

Je n'ai rien rencontré du tout.

MOUCHET

Elle a une robe couleur café au lait, des yeux noirs très expressifs, une démarche légère, des oreilles de toute beauté !

LUMIGNON, *surpris.*

Des oreilles !

MOUCHET

Oui, monsieur, elles font l'admiration de tous les artistes... Et son nez, divin, monsieur !... Elle a un cou plus blanc que la neige... Elle porte un superbe collier sur lequel j'ai fait graver mon nom.

LUMIGNON

Votre nom... sur son collier? (*A part.*) Cet homme-là doit être un mari bien original.

MOUCHET

Malgré mes précautions, elle a plus d'une fois brisé ses liens... Et dans ce moment-ci elle est encore... (*Indiquant qu'elle est folle.*) L'amour, monsieur...

LUMIGNON, *à part.*

Aïe ! je m'en doutais ! (*Haut.*) Il faut l'excuser, l'amour est un sentiment si beau !... Je ne pense pas cependant qu'elle se soit oubliée au point de vous...

MOUCHET

Elle s'est au contraire souvent oubliée, car je l'ai surprise maintes fois avec des mâtins qui n'avaient pas des allures très aristocratiques.

LUMIGNON

Fichtre ! il paraît que c'est une luronne !... (*Après réflexion.*) Serait-ce celle que...

MOUCHET

L'auriez-vous aperçue ?

LUMIGNON

Elle portait une ombrelle.

MOUCHET, *riant.*

Une ombrelle, Nina? Où avez-vous vu que des chiennes portassent des ombrelles? Ah! ah!...

LUMIGNON

Quoi! c'est d'une chienne qu'il s'agit? Ce doit être celle que ce matin j'ai... (*Faisant le geste de l'ajuster.*)

MOUCHET

Vous dites celle que ce matin...

LUMIGNON, *avec embarras.*

Oui, je crois en effet l'avoir rencontrée...

MOUCHET

Il me la faut, monsieur; je vais gravir cette montagne, la battre dans tous les sens, jusqu'à ce que je l'aie trouvée.

LUMIGNON, *le retenant.*

Dieu vous en garde!... Il y a, au pied d'un arbre, une nichée de serpents dont le plus petit est plus gros que vous.

MOUCHET, *effrayé.*

Vraiment? Alors je reste. Ce sont eux qui m'auront dévoré Nina.

LUMIGNON

Vous y tenez donc beaucoup?

MOUCHET

C'est ma femme qui en raffole!... Figurez-vous que, dès que ma chienne s'apercevait de mes préparatifs pour rentrer en ville, elle partait comme un éclair pour aller annoncer mon retour à ma femme. Elle arrivait toujours un bon quart d'heure avant moi à la maison... Quelle intelligence ont les animaux !...

LUMIGNON

C'est sans doute votre femme qui l'a si bien dressée ?

MOUCHET

Elle-même! Aussi je ne viens jamais pêcher sans que ma chienne soit avec moi. De cette manière, étant prévenue bien avant mon arrivée, ma femme a le temps de me préparer mon gilet de flanelle et tout ce qui est nécessaire à ma toilette de corps.

LUMIGNON

Comme à celle de votre tête. Je comprends que votre femme y tienne beaucoup.

MOUCHET

A ma tête ?

LUMIGNON

Non, à votre chienne. (*A part.*) Je suis maintenant content d'avoir tué cette bête. Voilà un mari qui me doit un fameux cierge ! (*Haut.*) Il vous sera facile de consoler votre femme...

MOUCHET

Elle en aura une attaque de nerfs... Une si bonne créature, si aimante, si...

LUMIGNON

Qui ?

MOUCHET

Elle.

LUMIGNON

Votre femme ?

MOUCHET

Mais non ; je vous parle de ma chienne (*Pleurant.*) Pauvre Nina ! mourir si jeune !

DUO

Oh ! que dirai-je à sa bonne maîtresse,
Quand seul chez moi je rentrerai ce soir ?

LUMIGNON, *cherchant.*

Vous lui direz... qu'une vive tendresse
Souvent du cœur cause le désespoir.

MOUCHET

Je lui dirai que, se voyant trahie,
Elle en est morte...

LUMIGNON

    Oui, c'est un bon moyen.

MOUCHET

L'amour constant nous fait chérir la vie !...

LUMIGNON, *riant.*

Voilà pourquoi vous vous portez si bien.

ENSEMBLE

LUMIGNON, *à part.*

Dans ton ménage,
A dit un sage,
Pour être heureux,
Ferme tes yeux.
La confiance
Donne à ton cœur
Tendre assurance
De ton bonheur.

MOUCHET

Dans mon ménage,
Jamais d'orage ;
Les soupçonneux
Sont malheureux.
La confiance
Apporte au cœur
Douce assurance
Du vrai bonheur.

MOUCHET
Ma femme sait ce que l'amour fait faire;
J'en suis moi-même un exemple frappant :
Elle m'a fait...

LUMIGNON
Quoi donc ?

MOUCHET
Onze fois père.

LUMIGNON
Cela chez vous dénote un cœur constant.

MOUCHET
Son seul défaut est d'être un peu coquette.

LUMIGNON
Elle veut plaire à son fidèle époux.

MOUCHET
Je sais l'argent que coûte sa toilette..

LUMIGNON, *riant.*
Bien des maris sont moins instruits que vous.

(*Reprise de l'ensemble.*)

LUMIGNON

Avez-vous fait une bonne pêche ?

MOUCHET, *montrant l'intérieur de sa corbeille.*

Quelques moules seulement. Le poisson n'a pas mordu cette nuit. Et vous, qu'avez-vous tué ?

LUMIGNON, *montrant le lièvre qui est dans son carnier.*
Voilà tout.

MOUCHET, *surpris.*

Bigre ! voilà tout ! Je connais plus d'un chasseur qui n'en a jamais eu autant. Il faudra que je renonce à la ligne pour prendre le fusil.

LUMIGNON

Je suis persuadé que c'est votre femme qui vous engage à aller pêcher.

MOUCHET

Elle prétend, d'après l'opinion d'un médecin, que cet exercice est un remède infaillible pour combattre l'obésité.

LUMIGNON

Oh! les femmes!

MOUCHET, *surpris.*

Vous avez dit : « Oh! les femmes! » d'une manière si étrange... Seriez-vous marié, monsieur?

LUMIGNON

Hélas! non.

MOUCHET

Vous êtes garçon?

LUMIGNON, *à part.*

Faisons-lui une histoire. (*Haut.*) Non, monsieur.

MOUCHET

Alors que diable êtes-vous donc?

LUMIGNON

Je suis veuf.

MOUCHET

Tant pis!... Veuillez m'excuser; car mes questions ont dû réveiller de cruels souvenirs.

LUMIGNON

Oh! oui, bien cruels!...

MOUCHET

Le temps cicatrise vite les plaies du cœur, et un second mariage ne tarderait pas à vous faire oublier votre première affection.

LUMIGNON, *à part.*

Voudrait-il m'offrir une de ses filles? (*Haut.*) Il ne faut pas jouer avec le bonheur. Quand on a été heureux, on l'est rarement deux fois... dans le mariage surtout.

MOUCHET

C'est une idée que je ne partage pas. Et il y a bien des demoiselles qui...

LUMIGNON, *à part.*

C'est singulier comme les veufs sont recherchés!... (*Haut.*) Aucune autre femme ne pourrait me rendre tout ce que j'ai perdu.

MOUCHET

Vous avez vécu longtemps ensemble?

LUMIGNON

Trois heures. Elle est morte subitement après le repas des noces : d'une indigestion, monsieur!... La coquette avait ce jour-là trop serré son corset.

MOUCHET, *avec intention.*

Avait-elle encore son bouquet d'oranger?

LUMIGNON, *après un soupir.*

Il n'en restait plus que la tige!... Vous ne vous imaginerez jamais ce que ces trois heures ont eu de délicieux pour moi.

MOUCHET, *riant.*

Je me l'imagine... Mais ce n'est pas une raison pour vivre éternellement dans le veuvage; à peine avez-vous eu le temps de savourer quelques plaisirs de l'hymen,

LUMIGNON

Les autres n'auraient jamais égalé les premiers ; c'est peut-être pour cela que Dieu a voulu me les épargner.

MOUCHET

Erreur, monsieur, erreur ! Il y a vingt ans que je suis marié, et il ne se passe pas de jour sans que je m'écrie : « Es-tu heureux, Stanislas ! » Pour que je pousse une pareille exclamation, il faut bien que je le sois.

LUMIGNON

Je crois que vous l'êtes, monsieur.

MOUCHET

Car je ne suis pas un niais, moi.

LUMIGNON

En vous écoutant, on en est convaincu. (*A part.*) Tu te dis rusé... c'est ce que nous verrons. (*Haut.*) Si je me décidais à me remarier, seriez-vous assez bon pour vous intéresser à moi ?

MOUCHET, *à part.*

Ce jeune veuf n'est pas mal, il a l'air cossu. (*Haut.*) J'aurai votre affaire.

LUMIGNON, *à part.*

Nous y voici.

MOUCHET

Une demoiselle qui aura cinquante mille francs de dot.

LUMIGNON, *à part.*

Il est donc bien riche !... (*Haut.*) Est-elle jolie ?

MOUCHET

Ravissante. On dit qu'elle a quelque chose de moi.

LUMIGNON

Votre jambe peut-être ?

MOUCHET

Non, mais mon regard, ce coup-d'œil qui annonce la fermeté, la pénétration...

LUMIGNON

Si elle vous ressemble sous ce rapport, ce doit être un prodige.

MOUCHET

Vous me convenez.

LUMIGNON

En sera-t-il de même du côté de votre demoiselle ?

MOUCHET

Ma fille est trop bien élevée pour me désobéir. Vous me permettrez seulement de me renseigner sur votre compte. Les hommes sont aujourd'hui si corrompus...

LUMIGNON

Bah ! à la campagne !...

MOUCHET

A la campagne, c'est vrai !... Sous les arbres, au milieu des fleurs et des légumes, tous les hommes nous paraissent des moutons ; mais à la ville, c'est différent ; les cercles, les femmes y font tant de victimes !...

LUMIGNON

Cependant, quand on a une famille aussi nombreuse que la vôtre, on devrait se montrer moins difficile.

MOUCHET

J'ai perdu neuf enfants. Il ne me reste plus qu'un garçon et une fille de seize ans qui est encore au couvent. Ma femme tient beaucoup aux principes religieux.

LUMIGNON, *à part.*

Oui, à la façon de Tartufe.

MOUCHET

Si nous déjeunions !... J'ai une faim de loup... Je dévorerais votre lièvre. (*Il met sur le banc le pain qu'il tire de la poche de sa veste.*)

LUMIGNON, *déposant le lièvre sur le banc.*

Il est à votre service.

MOUCHET

S'il était en civet, je l'accepterais volontiers, mais cru..., non. (*Il sort de la corbeille les moules qu'il met sur le banc, puis une bouteille qu'il donne à Lumignon.*) Ce vin est excellent !...

LUMIGNON, *regardant la bouteille.*

C'est du vin de Cassis. (*A part.*) Tu ne le boiras pas.

MOUCHET

Du vin blanc de Cassis âgé de dix ans. Allons, à table !... Je voudrais vous offrir un siége ; mais, à la campagne, on s'assied comme on peut. (*Ils s'asseoient par terre.*)

LUMIGNON, *prenant le pain et les moules.*

Vous voyez que j'accepte sans façon.

MOUCHET, *à part.*

Est-ce qu'il ne mettra rien sur la table ? (*Haut.*) Vous devez avoir quelques provisions de bouche ?

LUMIGNON

Oui, j'ai du tabac et du papier à cigarette. (*Il mange.*)

MOUCHET

Rien que ça? (*A part.*) Il mange, lui! (*Haut.*) A quelle heure déjeunez-vous habituellement?

LUMIGNON

A midi.

MOUCHET

C'est bien tard. (*A part.*) Aurais-je affaire à un pique-assiette?

LUMIGNON

Crédié! que j'ai soif! (*Il boit.*) Votre vin est délicieux.

MOUCHET, *voulant reprendre la bouteille.*)

Permettez...

LUMIGNON, *le repoussant.*

Non, laissez-la-moi, elle ne me gêne pas.

MOUCHET, *se levant.*

Mais, monsieur... (*A part.*) Il boit et mange, lui... et moi, je le regarde.

LUMIGNON

Quelles bonnes choses Dieu a faites! Vous ne savez pas les apprécier, vous qui n'affectionnez sans doute que les pièces de cinq francs.

MOUCHET, *cherchant à reprendre la bouteille.*

J'aime aussi le vin de Cassis.

LUMIGNON, *se levant.*

Malheureux! vous ne faites que l'aimer, tandis que

moi, je l'adore !... Ah ! vous n'êtes pas digne de boire un pareil vin !

REFRAIN

Vive ce vin exquis !
C'est lui qui fait la gloire
De ce charmant pays
Qu'on appelle Cassis.
C'est pourquoi je veux boire,
Jusqu'à l'heure où je serai gris,
Du vin blanc de Cassis.

PREMIER COUPLET

Sur les côtes de la Provence,
Au fond d'un golfe toujours bleu,
Vit, obscur et dans le silence,
Un pays qu'aime le bon Dieu.
C'est Cassis, la ville mignonne,
Qu'on ignorerait sans le vin
Vraiment divin
Que son heureux terroir nous donne.

ENSEMBLE

LUMIGNON *boit.*

Vive ce vin exquis !
C'est lui qui fait la gloire
De ce charmant pays
Qu'on appelle Cassis.
C'est pourquoi je veux boire,
Jusqu'à l'heure où je serai gris,
Du vin blanc de Cassis.

MOUCHET

(*Il cherche à reprendre la bouteille et chante en maugréant.*)

Vive ce vin exquis !...
C'est lui qui fait la gloire
De ce vrai Paradis
Qu'on appelle Cassis.

Et le chasseur va boire,
Jusqu'au moment qu'il sera gris,
Mon bon vin de Cassis.

LUMIGNON
DEUXIÈME COUPLET
Nos pays ont tous quelque chose :
Qui des savants, qui des melons ;
Grasse a l'oranger et la rose,
Arles ses fameux saucissons.
(*Se découvrant.*)
Marseille a son Académie.
Aix a l'huile et le biscotin,
Cassis son vin,
Ce vin que j'aime à la folie !
(*Il boit. Même jeu de la part de Mouchet.*)
(*Reprise de l'ensemble.*)

LUMIGNON
Voici votre bouteille.

MOUCHET
Maintenant qu'elle est vide...

LUMIGNON
Bah ! à la campagne !...

MOUCHET
La campagne ne défend pas de penser à son prochain !... Mais je sais prévoir les événements ; je ne vais jamais pêcher sans avoir mon porte-monnaie bien garni.

LUMIGNON, *à part.*
Donnons-lui une nouvelle leçon. (*Haut.*) Je vois que vous êtes un finaud.

MOUCHET
J'ai en effet cette réputation.

LUMIGNON

Vous prenez toutes vos précautions... Je fais comme vous, moi.

MOUCHET

Je ne m'en suis pas aperçu pour votre repas de tout-à-l'heure.

LUMIGNON

Elles seraient inutiles, puisque je ne déjeune jamais avant midi... Mais j'ai toujours sur moi un billet de mille pour faire face aux dépenses imprévues.

MOUCHET, *surpris.*

Mille francs!... Moi, je ne porte qu'une centaine de francs.

LUMIGNON

Voilà qui se rencontre bien... Je n'ai pas un sou de monnaie... Seriez-vous assez obligeant pour me remettre cette somme contre mon billet de mille francs? Vous me devrez le reste.

MOUCHET, *donnant son porte-monnaie.*

Avec plaisir. (*A part.*) Quelle confiance il a en moi!...

LUMIGNON

Merci. (*Cherchant dans ses poches.*) Où ai-je donc mis ce billet? Je l'aurai laissé chez moi... Soyez sans inquiétude, je vous rendrai votre argent.

MOUCHET

Quand?

LUMIGNON

Vous êtes bien curieux... Demain.

MOUCHET

J'aurais préféré que ce fût tout de suite. (*A part.*) Il boit mon vin, il me prend mon argent... Cet homme-là est un chevalier d... (*Haut.*) Monsieur est dans l'industrie?

LUMIGNON

Hélas! que trop.

MOUCHET

Monsieur est sans doute en rapport avec la Grèce.

LUMIGNON

Me prendriez-vous pour un fabricant de chandelles?

MOUCHET

Il y a des gens fort honorables dans les chandelles, monsieur! Je parle de la contrée qui a donné le jour à Lycurgue... celui qui excusait le vol quand il était fait adroitement.

LUMIGNON, *riant.*

Si ce législateur revenait, avouez qu'il nous trouverait, sous ce rapport, bien supérieurs à ses contemporains. Vous paraissez avoir perdu votre gaîté.

MOUCHET

Je l'ai perdue parce que j'ai perdu autre chose.

LUMIGNON, *riant.*

Bah! à la campagne!...

MOUCHET

Avec votre campagne, ce n'est pas une raison pour se laisser...

LUMIGNON, *l'interrompant.*

Vous avez l'œil et l'esprit pénétrants, vous.

MOUCHET

Je m'en flatte, et voilà pourquoi je comprends la valeur de certains procédés.

LUMIGNON, *à part.*

Il est encore de ceux qui comprennent... mais trop tard. *(Haut).* Pourrais-je savoir le nom de monsieur ?

MOUCHET, *à part.*

C'est une nouvelle perfidie, tenons-nous sur nos gardes. *(Haut.)* Quel est le vôtre, monsieur ?

LUMIGNON

Voici ma carte.

MOUCHET, *à part*

Cette carte n'est peut-être pas la sienne. *(La regardant.)* Que vois-je!... Nous sommes donc confrères. *(Lisant.)* « Philogène Lumignon, fabricant de bougies. » *(A part.)* Il me rendra mes cent francs.

LUMIGNON

Et vous ?

MOUCHET

Stanislas Mouchet, fabricant de chandelles.

LUMIGNON, *surpris.*

Quoi! vous êtes Mouchet, le père de mademoiselle Léonie ? *(A part.)* S'il savait que j'aime sa fille !

MOUCHET

Lui-même. Béni soit le hasard qui fait se rencontrer ici deux propagateurs, par imitation, des rayons de l'astre lumineux qui éclaire le monde! *(Ils se donnent une poignée de main.)*

LUMIGNON, *à part.*

Et moi qui soupçonnais sa femme, tandis que c'est un

modèle de vertu! (*Prenant son fusil.*) Allons, mon cher confrère, tâchons de donner un compagnon au lièvre que j'ai tué ce matin! (*Mouchet prend sa ligne.*) Que voulez-vous faire de votre ligne, ce symbole de la patience, c'est-à-dire la négation de l'intelligence et de la vie?

MOUCHET

La patience est sœur de la prudence. Ce n'est pas celui qui s'agite le plus qui réussit le mieux. La ligne est, d'après moi, l'emblème de la subtilité... Voilà pourquoi j'aime la pêche.

DUO
(*Montrant la ligne.*)
La ligne est l'arme de la ruse.

LUMIGNON
Le fusil, l'arme du guerrier.

MOUCHET
Du fusil souvent on abuse,
C'est l'hameçon qu'il faudrait employer.
Si chez nous la diplomatie
Adoptait ce moyen subtil,
On verrait bientôt, je parie,
Tomber le règne du fusil.
Ah! croyez-moi, mon cher confrère,
Dans le commerce et les amours,
En politique et mieux en temps de guerre,
Avec la ligne on réussit toujours.
(*Imitant le pêcheur qui prend un poisson.*)

LUMIGNON
Franchement il faut que j'en rie!
En temps de guerre, avez-vous dit,
Avec la ligne on réussit...
C'est bien flatteur pour notre infanterie!...

Vraiment, mon cher, ce calembour est bon.
Vous voudriez voir le fusil, le canon
　　Remplacés par la ligne,
　Par cet engin que l'on désigne
　D'une si plaisante façon.

MOUCHET

Critiquer sans prouver est chose très facile ;
De grâce, expliquez-vous ?

LUMIGNON

　　　　　Je pourrais vous fâcher.

MOUCHET

Parlez !

LUMIGNON, *à part.*
　Puisqu'il y tient, pourquoi le lui cacher ?
　　　　(*Haut.*)
On définit la ligne une perche docile,
Ayant un animal à son extrémité,
　　Tandis que, de l'autre côté,
　Elle a... toujours...

MOUCHET
　　　Toujours ?

LUMIGNON
　　　　　Un imbécile.

MOUCHET
　Un imbécile !... Et pourtant le pêcheur,
A moins qu'il ne sommeille, est un profond penseur.

ENSEMBLE

　　Ah ! croyez-moi, mon cher confrère,
　　　Dans le commerce et les amours,
　En politique et mieux en temps de guerre,
　　Avec la ligne on réussit toujours.

LUMIGNON
　　Dans la politique et la guerre,
　　Dans le commerce et les amours,

Courage, honneur, voilà, mon cher confrère,
Ce qui chez nous réussira toujours.

MOUCHET
Ronde.

Comme pour l'habitant de l'onde,
Pour l'homme il est plusieurs appâts.
Et puisque chacun dans ce monde
Veut obtenir ce qu'il n'a pas ;
Sachant ce que le cœur désire,
Vous placez à votre hameçon,
L'objet pour lequel il soupire,
Et l'homme y mord comme un poisson.
Ce bon bourgeois que j'affriande,
N'est-il pas un grand animal.
Par l'appât d'un gros dividende,
Je lui souffle son capital.
Mettez, pour amorcer les belles,
Des toilettes et des bijoux,
Vous verrez que les plus cruelles
Vous feront alors les yeux doux.
Quel appât qu'un regard de femme!
Veut-on des emplois, des honneurs,
Que monsieur laisse agir madame :
Monsieur aura des protecteurs.
En fait d'amorce, l'Angleterre
S'y connaît : on la voit souvent
Fournir, lorsqu'elle fait la guerre,
Beaucoup moins d'hommes que d'argent.
Il est des mots en politique
Auxquels le peuple mord toujours,
Mots que tout parti revendique
Et fait mousser dans ses discours.
Ces grands mots ont un tel empire,
Que sur moi l'on crierait haro.

Riant.

Si j'osais... J'aime mieux vous dire .
La suite au prochain numéro.

ENSEMBLE

Ah ! croyez-moi, }
Il a raison, } mon cher confrère,
Dans le commerce et les amours,
En politique, etc.

LUMIGNON, *à part.*

Il n'est pas aussi bête qu'il en a l'air. (*Haut.*) Laissons là les choses (*indiquant les objets qui sont sur le banc*) qui nous sont inutiles. (*Sortant par la gauche.*) Nous les prendrons à notre retour.

SCÈNE IV.

LÉONARD, *seul.*

(*Il entre à pas de loup par la droite et écoutant.*) A votre retour, dites-vous ?... Alors je vous attends. Ah ! messieurs les chasseurs, vous ne me laissez pas un instant de repos ; mais aussi je n'épargne rien pour vous prendre en flagrant délit ! Quel métier que le mien ! Se cacher, se montrer, se lever tôt, se coucher tard, et même bien souvent ne pas se coucher du tout... ce qui est fort contrariant pour moi qui suis marié à une femme que les gros bonnets du pays trouvent gentille. Et tout cela pour veiller au maintien de l'ordre public... Pendant que j'étais au service, mon sergent, un vieux de la vieille, me disait chaque fois que je lui avais payé un litre de gros bleu (*Il imite un homme ivre*) : « Léonard, « méfie-toi des femmes ; ce sont elles qui ont perdu « Samson, Marc-Antoine, Louis XV et bien d'autres. « Souviens-toi que, s'ils eussent comme moi conservé « leur chasteté, ils seraient encore en vie. » Et lui, ce qui l'a tué, mon sergent, ce sont les nombreux canons qu'il a bus. Ce qui prouve qu'il faut être victime de quelque chose... Moi, je le serai de mon devoir. Si j'ai beaucoup de peine dans mon état, j'en suis récompensé par l'estime de mes concitoyens... Chacun se découvre devant moi, surtout quand je suis avec monsieur le maire. A moi seul, je constitue la garnison du village. Il faudrait me voir le jour de la fête du roi, au moment où monsieur le maire, en sortant de la messe, me passe en revue sur la place de l'église. (*Tirant son sabre et se mettant au port d'armes.*) C'est là que je suis fier, lorsqu'il me dit : « Toi, t'es-t-un bel échantillon de notre armée!... t'es-t-un brave, et je te retiens ce soir-z-à dîner pour célébrer la fête de notre bien-aimé souverain. » A ces mots éloquents, je sens mon cœur et mon estomac se ranimer, et, au lieu de crier vive le roi, que je ne connais pas, je beugle de toutes mes forces : « Vive monsieur le maire! » Quelle bonne pâte d'homme!... Notre maire, n'ayant jamais été père, puisqu'il ne peut point se marier lui-même, nous regarde comme ses propres enfants. Aussi, dès qu'il me dit : « Marche! » j'obéis sans souffler mot, car,

PREMIER COUPLET

Je suis garde-champêtre ;
Sitôt que, dans les champs,
On me voit apparaître,
Je fais fuir les méchants.
Si je suis inflexible
Avec le malfaiteur,
Je suis toujours sensible
A la voix du malheur.
D'après monsieur le maire,
Plutôt que de punir

Le mal que l'on peut faire,
Il faut le prévenir.

REFRAIN

Marchons, marchons sans cesse;
Garde à vous, maraudeurs,
Braconniers et chasseurs !
Je serai sans faiblesse,
La loi le veut ainsi;
Garde à vous, me voici !
    Marchons sans cesse,
Garde à vous, me voici !

DEUXIÈME COUPLET

Le service réclame
Et mes jours et mes nuits,
Pendant ce temps ma femme
Reste seule au logis.
Le paysan sommeille,
Plein de sécurité,
Quand il sait que je veille
Sur sa propriété.
Même au bal mes yeux guettent,
Pour crier halte-là !
Tous ceux qui se permettent
  (*Faisant un pas de cancan.*)
De danser comme ça !
Marchons, marchons sans cesse, etc.

Mais je m'amuse à jacasser au lieu de chercher l'ombrelle de ma femme. Elle croit l'avoir laissée dans ce bois, en y venant cueillir des champignons, Ma femme est très inquiète de la perte de son ombrelle, parce que c'est un cadeau que lui a fait son cousin, le garde forestier... Mais, j'entends parler... (*Regardant.*) Ce sont les deux que j'ai vus tantôt. Courons vite nous poster là-haut, derrière un buisson, pour attendre qu'ils se séparent... (*Il gravit la montagne.*)

SCÈNE V.

LÉONARD (*sur la montagne*); LUMIGNON (*portant une ombrelle marquise*) ; MOUCHET (*tenant une blague.*)

LUMIGNON, *apercevant Léonard, et à part.*

Voilà une nouvelle occasion pour éprouver mon futur beau-père. (*Haut.*) Prenez mon fusil et donnez-moi votre ligne. (*A part en regardant Léonard.*) Il a l'œil sur nous, très bien !... (*Haut.*) Vous devriez essayer de tuer quelques oiseaux ?

MOUCHET

C'est une bonne idée ; ma femme adore les oiseaux.

LÉONARD, *à part.*

Je voudrais bien que l'homme à la ligne me laissât seul avec le chasseur.

MOUCHET *se retournant.*

On a parlé, je crois.

LUMIGNON

C'est l'écho. (*Il dépose la ligne contre l'arbre.*)

MOUCHET

J'ai dit oiseaux et l'écho a répondu chasseur. (*Riant.*) Voilà un écho qui donne de bien mauvaises rimes.

LÉONARD, *à part.*

Il vaut mieux attendre un moment plus propice pour dresser mon procès-verbal. (*Il disparaît.*)

MOUCHET, *se tournant.*

Encore! Il a dit *verbal*. Cet écho-là vous ferait prendre la poésie en grippe! Voyons, à qui donnerez-vous l'ombrelle que nous avons trouvée? A quelque cocotte sans doute?

LUMIGNON

Fi donc! Écoutez-moi, mon cher confrère. Un jour, en allant au couvent pour y voir ma sœur, j'aperçus, se promenant avec elle, une jeune fille dont la beauté m'impressionna vivement. Afin de me faire aimer de Léonie (*surprise de Mouchet.*) — elle s'appelle Léonie, — j'employai auprès de ma sœur le moyen que vous savez...

MOUCHET

L'hameçon? Je suppose qu'elle n'y aura point mordu.

LUMIGNON

Attendez! Comme avec la douceur on est sûr de réussir auprès des femmes, je promis à ma sœur beaucoup de bonbons, si elle parvenait à faire partager mon amour à Léonie. Le succès couronna mon espoir, au point qu'une correspondance s'établit entre votre demoiselle et moi. J'avais promis un kilo de marrons glacés pour chaque lettre de Léonie, et j'en suis à cette heure au quarantième kilo. (*A part.*) Gare la bombe!...

MOUCHET, *colère.*

Mais cela est abominable!... Tenez donc vos filles au couvent pour qu'elles y forment leur style, pour qu'elles y apprennent à mettre l'orthographe et à n'aimer que leur papa et leur maman! Vous croyez faire des Maintenons, des Sévignés de vos filles, et vous n'en faites que des

Ninons de Lenclos! Monsieur, je ne trouve pas d'expression pour qualifier votre conduite... Vous me permettrez seulement de vous dire que vous avez agi comme un... polisson.

LUMIGNON, *avec dignité.*

Votre demoiselle n'aura point à regretter sa confiance en moi, puisque je viens la demander en mariage. Je suis assez riche pour me passer de sa dot... Je ne veux que la main, rien que la main de votre demoiselle.

MOUCHET

Vous refusez la dot? Ce procédé me touche... énormément!... Vrai, il m'attendrit... Vous ne voulez que la main, rien que la main de Léonie... Oh! j'irai plus loin que vous en fait de générosité, je vous donnerai sa main, son bras et tout le reste de sa personne! Une chose m'étonne pourtant, c'est que vous ayez si vite perdu le souvenir de votre femme... Hélas! je reconnais bien là les veufs inconsolables!

LUMIGNON

Je n'ai jamais été marié.

MOUCHET

C'est fâcheux! Un veuf offre toujours plus de garantie qu'un garçon.

LUMIGNON, *à lui-même.*

Eh bien! que disais-je? Heureusement que les demoiselles ne partagent pas l'opinion de leurs pères.

MOUCHET

J'en parlerai à ma femme, et, si vous lui convenez, l'affaire sera conclue.

LUMIGNON

Rappelez-vous que j'en suis à mon quarantième kilo de marrons glacés.

MOUCHET

Oui, oui, je le sais. Mais revenons à l'ombrelle... Avouez que vous avez eu, comme moi, de singulières idées en voyant une ombrelle à côté d'une blague, sur le gazon et dans l'endroit le plus touffu de ce bois?

LUMIGNON

C'est le mari et la femme qui les auront oubliées.

MOUCHET

Allons donc! (*Regardant la blague pendant que Lumignon regarde l'ombrelle.*) Ça ne peut être que des amants... Les époux n'oublient rien, eux!

LUMIGNON

Il y a un mystère là-dessous (*Ouvrant l'ombrelle.*)

PREMIER COUPLET

Objet coquet que le beau sexe emploie
Pour s'abriter contre les feux du jour,
Une beauté, sous ton dôme de soie,
A dû sourire à la voix de l'amour.
Je crois l'entendre,... elle fait la cruelle,
Dès que l'amant veut prendre ses ébats :
Ah! finissez, monsieur, sinon j'appelle...
 Quoique son cœur dise tout bas :
 Non, non, tu n'appelleras pas.
  (*Mouchet joue avec la blague.*)
  Ah! qui sait si la belle,
  Dont j'ai trouvé l'ombrelle,
  N'a rien perdu de plus,
  Sous ces arbres touffus,
  Que son ombrelle!

DEUXIÈME COUPLET

Dis-moi, dis-moi si ta chère maîtresse
Est mariée, ou désire un époux?
Quel est l'espoir qui berce sa tendresse,
Ce qu'elle a dit durant ce rendez-vous?
A son serment l'as-tu vue infidèle?
Chut! ce secret, pourquoi le révéler?
Va, je présume, ô ma jolie ombrelle!
   Ce que tu pourrais dévoiler,
   S'il t'était permis de parler.

ENSEMBLE

LUMIGNON

Ah! qui sait si la belle,
Dont j'ai trouvé l'ombrelle,
N'a rien perdu de plus,
Sous ces arbres touffus,
   Que son ombrelle!

MOUCHET

Je suis sûr que la belle
Dont nous avons l'ombrelle,
A perdu beaucoup plus,
Sous ces arbres touffus,
   Que son ombrelle.

MOUCHET, *riant.*

Certainement qu'elle a perdu beaucoup plus... Ah! ah!...

LUMIGNON, *il ferme l'ombrelle, la met sous son bras, puis à part, en prenant un journal dans son carnier.*

J'ai remarqué que les maris sont ordinairement les premiers à rire de l'infidélité des femmes!... Est-ce méchanceté de leur part ou bien une consolation pour eux? Je vais revenir!... (*Il sort en regardant Léonard, et à haute voix.*) Bonne chance, monsieur le chasseur!...

SCÈNE VI.

MOUCHET, LÉONARD, *sur la montagne.*

LÉONARD, *se montrant.*

Ah! il est seul, tant mieux!

MOUCHET, *il fait à petits pas le tour de la scène en regardant les arbres et en imitant le chant des oiseaux.*

Chi, chi, piou, piou! Je ne vois rien... Si fait (*apercevant la tête nue de Léonard*), je vois une tête... C'est peut-être un voleur ; méfions-nous!...

LÉONARD, *toujours tête nue et à part.*

Il ne sait pas qui je suis ; profitons de notre incognito. (*Haut.*) Il fait beau temps, monsieur.

MOUCHET

Un temps splendide. Mais que faites-vous donc là-haut? Prenez garde, on dit qu'il y a sur cette montagne des serpents aussi gros que moi.

LÉONARD

Vous croyez ça, vous? Du reste, je ne les crains pas. Pourriez-vous me dire l'heure qu'il est?

MOUCHET *à part.*

Plus de doute, c'est un voleur... Je l'ai deviné tout de suite, moi! (*Haut.*) Monsieur, je ne porte plus de montre à la campagne depuis qu'il y a tant de braves gens qui demandent l'heure. (*Regardant le ciel.*) Il doit être à peu près midi.

LÉONARD

Je vous remercie. Au revoir, monsieur. (*Il met son chapeau et descend la scène sans être vu de Mouchet.*)

MOUCHET

Que le diable t'emporte! (*Regardant les arbres.*) Je ne suis pas plus heureux avec les oiseaux qu'avec les poissons. Je crois voir un moineau qui sautille dans les branches. (*Pendant qu'il vise l'oiseau, Léonard vient lui frapper sur l'épaule.*)

LÉONARD

Pardon, monsieur.

MOUCHET, *se retournant.*

Monsieur, j'ai bien l'honneur... Vous m'avez fait manquer un joli coup... Vous désirez?

LÉONARD

Votre permis de chasse?

MOUCHET, *riant.*

Ah! ah! vous demandez un permis de chasse à un pêcheur? Ah! ah! elle est bonne celle-là.

LÉONARD

Cette plaisanterie est fort incongrue pour un homme de votre âge. Je vous ordonne d'obtempérer à ma demande.

MOUCHET

Je vous répète que je suis pêcheur et non chasseur.

LÉONARD, *prenant le lièvre.*

A qui ferez-vous croire que de pareils poissons se pêchent dans l'eau?... Et puis, je vous ai surpris en flagrant délit? (*Il remet le lièvre sur le banc.*)

MOUCHET

Ce lièvre et ce fusil ne sont pas à moi.

LÉONARD

A qui appartiennent-ils ?

MOUCHET

A un monsieur qui est allé...

LÉONARD

Où ?

MOUCHET

Je l'ignore ; il avait un journal à la main.

LÉONARD

Dans quel but ?

MOUCHET

Je suppose que c'est pour le lire... A moins que ce ne soit... Vous savez qu'à la campagne...

LÉONARD, *colère.*

Subterfuge et mensonge !... La justice veut des affirmations et non des suppositions.

MOUCHET

Elle veut aussi, chez ceux qui la représentent, la modération et non la colère.

LÉONARD

Vous avez l'audace du crime !... (*Apercevant les objets qui sont à terre, et à part.*) Des cheveux de femme, une chaussette, une bretelle !... Aurais-je affaire à un assassin? (*Le fixant.*) Cette figure dénote un scélérat de la pire espèce. (*Il ramasse les objets et les met dans sa poche.*) Emparons-nous de ces pièces de conviction.

MOUCHET, *le regardant et à part.*

Que va-t-il faire de tout cela ? Cumulerait-il ? Joindrait-il à ses fonctions de garde-champêtre le métier de chiffonnier?

LÉONARD

Persistez-vous dans votre déclaration?

MOUCHET

Oui, monsieur, parce que j'ai dit la vérité.

LÉONARD

C'est ce que la justice examinera. Veuillez me donner vos nom, prénoms, âge et profession. (*Prenant son carnet et écrivant.*)

MOUCHET

Mouchet, Stanislas, 53 ans, fabricant de chandelles.

LÉONARD

Ne bougez pas, je prends votre signalement (*écrivant*) : nez moyen, bouche moyenne, menton...

MOUCHET, *maugréant.*

Moyen, yeux moyens, cheveux moyens... Tout est moyen... Avec tant de moyens, je voudrais bien trouver celui de me sauver.

LÉONARD

Veuillez vous découvrir afin que je m'assure si vous n'avez pas quelques signes particuliers sur le front.

MOUCHET, *avec fierté.*

Sachez, monsieur, que je n'ai jamais eu de signes particuliers sur le front... Si j'avais un chapeau comme le vôtre, vous pourriez faire ces sortes de suppositions!... (*A part.*) Moi, avoir des signes sur le front; moi, qui ai une Pénélope pour femme... Oh! c'est trop fort!...

LÉONARD

Donnez-moi votre fusil et venez chez monsieur le maire.

MOUCHET, *avec dignité.*

J'obéirai aux lois comme Socrate, dont j'ai toujours été le disciple... Mais tant qu'il me restera un souffle de vie, j'affirmerai que je suis une victime de la méchanceté des hommes... Marchez, je vous suis.

LÉONARD

C'est moi, au contraire, qui dois vous suivre.

MOUCHET, *s'inclinant.*

C'est trop d'honneur que vous me faites. (*Ils vont pour sortir du côté par lequel entre Lumignon.*)

SCÈNE VII.

LES PRÉCÉDENTS, LUMIGNON

LUMIGNON, *entrant.*

Que vois-je ! Vous qui allez devenir mon beau-père, vous avez des démêlés avec la justice ?

MOUCHET

Oui, on m'arrête comme un malfaiteur...

LUMIGNON

Quel est donc votre crime ?

LÉONARD

De chasser sans permis et d'avoir manqué de respect à mon autorité.

MOUCHET

Cette dernière affirmation est fausse. C'est vous qui

avez supposé que j'avais des signes particuliers sur le front. J'ai dû protester, car je suis marié, monsieur!...

LÉONARD

Silence! Si on écoutait les coupables, on finirait par leur donner le prix Monthyon.

MOUCHET, *indiquant Lumignon.*

C'est monsieur qui m'a confié son fusil pendant qu'il est allé là-bas pour... J'ai cru pouvoir en disposer.

LUMIGNON

En effet, le fusil est à moi. Voici mon permis de chasse.

LÉONARD, *il lit en regardant Lumignon.*

C'est bien! (*Rendant le permis et s'adressant à Mouchet.*) Parlez-moi d'un physique comme celui-là... Tandis que le vôtre...

MOUCHET

Garde, cela ne vous regarde pas!... Si vous étiez photographe ou rédacteur d'un journal artistique, je vous permettrais ces comparaisons superflues!

LÉONARD, *montrant les objets qu'il tire de sa poche.*

Et ce que j'ai là, d'où provient-il?

LUMIGNON

Hélas! c'est tout ce qu'il a pêché la nuit dernière.

LÉONARD

Grâce à l'intervention et au témoignage de monsieur, j'annule mon procès-verbal et la plainte portée contre vous. (*Gravement.*) Vous êtes libre. (*Il voit l'ombrelle en rendant le fusil à Lumignon.*) Oh! saperlotte! d'où vous vient cette ombrelle?

MOUCHET

Que vous importe ! je ne pense pas qu'elle vous appartienne ?

LÉONARD

C'est l'ombrelle de ma femme.

MOUCHET, *riant.*

Ah ! ah !... de votre femme? (*A Lumignon.*) Ah! ah!... C'est donc lui qui... (*Changeant de ton.*) Oh! je vais me venger !...

LUMIGNON, *lui donnant un coup de pied.*

Chut !

MOUCHET, *à Léonard.*

Fumez-vous ?

LÉONARD, *regardant l'ombrelle.*

Merci, je n'en prendrai pas.

MOUCHET

Je ne vous offre pas du tabac, je vous demande si vous fumez habituellement.

LÉONARD

J'y ai renoncé depuis que je suis marié.

MOUCHET, *à Lumignon.*

Alors il est... (*Riant.*) Ah! ah! lui qui croyait que j'avais des signes particuliers sur le front!...

LUMIGNON, *lui donnant un second coup de pied.*

Vous allez trop loin.

MOUCHET

Je n'irai jamais aussi loin que là où il voulait me conduire.

LÉONARD

Seriez-vous assez bon pour me rendre cette ombrelle?

LUMIGNON

La voici.

MOUCHET

Et la blague?

LÉONARD

Quelle blague?

LUMIGNON, *donnant encore un coup de pied à Mouchet.*

Ne l'écoutez pas, c'est un bavard... un blagueur.

LÉONARD

Je m'en suis aperçu; ne m'a-t-il pas dit qu'il y avait sur cette montagne des serpents aussi gros que lui... Je n'y ai vu qu'une chienne tuée d'un coup de feu.

MOUCHET, *vivement.*

Couleur café au lait, ayant un collier?

LÉONARD

Précisément.

MOUCHET

Pauvre Nina!... Oh! si je tenais celui qui l'a assassinée!...

LUMIGNON, *bas à Léonard, en le poussant du coude.*

C'est sa chienne. (*Haut.*) Mais non, ce que vous avez vu est un dogue...

LÉONARD

Oui, oui, un énorme dogue.

MOUCHET

C'est un dogue! (*A Lumignon, après réflexion.*) Ma chienne sera revenue en ville.

LUMIGNON

Elle doit être chez vous.

LÉONARD

Que ma femme va être contente quand je lui rapporterai son ombrelle !...

MOUCHET

Et la blague ?

LÉONARD, *à Lumignon.*

Est-il embêtant, ce vieux !...

MOUCHET, *la montrant.*

La blague que voici !

LUMIGNON, *à part.*

Que va-t-il faire ?

LÉONARD, *la regardant.*

C'est la blague du garde-forestier, (*Riant.*) Où l'avez-vous trouvée ?

MOUCHET

A côté de...

LUMIGNON, *bas à Mouchet.*

Vous allez causer un malheur.

MOUCHET

A côté de moi... sur le bord du rivage.., là-bas... bien loin... oui, bien loin d'ici.

LUMIGNON, *à part.*

Je respire !

LÉONARD, *prenant la blague.*

Oh ! comme je vais faire rire ma femme et son cousin le garde-forestier !

MOUCHET

Oh! oui, ils vont bien rire, et vous aussi sans doute.

LUMIGNON, *à Mouchet.*

Laissons-lui ses illusions. Voici votre porte-monnaie.

MOUCHET

Gardez-le à titre d'arrhes sur la dot. (*Prenant la main de Lumignon.*) C'est devant monsieur (*indiquant Léonard*) qui représente la loi, que moi, Mouchet, négociant en chandelles, déclare accepter le sieur Lumignon, ici présent, pour mon gendre.

LÉONARD, *mettant son chapeau sur leurs mains et avec gravité.*

Au nom de la loi vous êtes unis.

MOUCHET

Otez ce chapeau. (*Bas à Léonard.*) La forme de votre coiffure pourrait faire hésiter mon gendre.

LÉONARD

Eh! si on réfléchissait avant de se marier, tout le monde resterait garçon! C'est égal, si le poisson n'a pas mordu, vous avez pêché un gendre... Il y a beaucoup de papas qui voudraient être à votre place.

MOUCHET, *prenant la ligne.*

Avec une grosse dot à l'hameçon, on est toujours sûr de pêcher ces sortes de poissons.

LUMIGNON

Beau-père, ce n'est pas votre dot qui m'a décidé... Vous savez que...

MOUCHET

Oui, je me souviens des marrons glacés. (*Ils se préparent à sortir.*) Partons, pour que je vous présente à ma femme. Ce soir, nous mangerons votre lièvre en famille.

LÉONARD

Vous allez vous divertir; mais je suis persuadé que vous ne vous amuserez pas autant que moi.

LUMIGNON

Avec votre femme et son cousin le garde-forestier.

MOUCHET

Je vous engage à ne plus vous informer si on a des signes particuliers sur le front... Suivez mon conseil, on pourrait...

LUMIGNON, *l'interrompant en lui donnant un coup de pied.*

Bah! à la campagne!...

MOUCHET, *s'inclinant.*

Vous avez raison, mon gendre.

TRIO FINAL

Allons, mon cher, retournons à la ville!

LUMIGNON

J'y vais trouver l'amour et le bonheur.
Adieu, bosquets, votre séjour tranquille
A bercé bien souvent les rêves de mon cœur.
Sous votre ombrage, auprès de Léonie,
Qu'il me serait doux de m'asseoir
Et d'y passer toute ma vie!
Arbres, vous dire adieu, c'est vous dire au revoir!

LÉONARD

Messieurs les citadins, il vous serait facile,
Puisque vous adorez les champs,

De renoncer aux plaisirs de la ville
Et de vous faire paysans.

MOUCHET

Que deviendrait alors notre belle industrie,
Qui donc s'occuperait des sucres, des savons?

LÉONARD

Nous.

MOUCHET

Avec votre esprit, oh! je vous en défie!
(*Avec fierté.*)
L'esprit industriel, c'est nous seuls qui l'avons.

LUMIGNON, *riant.*

Lavons avec *savons*, cette rime est fort riche,
C'est même un calembour...

MOUCHET

Je ne suis jamais chiche
De ces bêtises-là.

LUMIGNON, *riant.*

Ce serait différent,
S'il vous fallait donner sans doute de l'argent.

MOUCHET, *avec dignité.*

Vous l'avez dit, mon gendre!...

LÉONARD

A la Bourse pourtant
On le gagne si vite,
Que vous pourriez...

MOUCHET, *l'interrompant.*

Si j'ai quelques écus,
Je ne les ai point obtenus
En jouant sur les fonds, mais par mon seul mérite,
Par mon travail...

LUMIGNON, *riant.*

Eh! eh! peut-être bien aussi
(*Indiquant la ligne.*)
Avec le moyen que voici.

LÉONARD, *surpris.*

Avec la ligne, ah! bah!...

LUMIGNON

C'est un très bon système!
(*A Mouchet.*)
Souvenez-vous que c'est vous-même
Qui m'avez vanté cet engin,
Quand vous m'avez dit, ce matin :
Ah! croyez-moi, mon cher confrère,
Dans le commerce et les amours,
En politique et mieux en temps de guerre,
Avec la ligne on réussit toujours.

LÉONARD, *à Mouchet en riant.*

Oui, je comprends votre tactique,
Et je veux la mettre en pratique.

MOUCHET

Auprès de votre femme?

LUMIGNON, *lui donnant un coup de pied.*

Avec elle, à quoi bon?

MOUCHET, *s'inclinant.*

Mon gendre, vous avez raison.

ENSEMBLE (*)

MOUCHET et LUMIGNON

Retournons à la ville,
Bientôt le jour va fuir;
Et chaque heure qui file
Nous dérobe un plaisir.

(*) LUMIGNON, LÉONARD, MOUCHET.

Partons vite, il nous tarde
De revenir chez nous.
(*Ils lui donnent une poignée de main.*)
Bonsoir, monsieur le garde,
Bien des choses chez vous.

LÉONARD à *Lumignon.*

Vous voudriez être en ville,
Je comprends ce désir ;
Car chaque heure qui file
Vous dérobe un plaisir.
Dans l'amour, plus l'on tarde,
Plus les instants sont doux.
(*Le saluant.*)
Ah ! que le ciel vous garde
Du sort de maint époux !

RIDEAU

(1868)

UN COLOSSE DE LA FOIRE

FOLIE-VAUDEVILLE EN UN ACTE

Représentée pour la première fois sur le Théâtre Chave,
le 26 février 1874.

Mise en scène de M. FAUVEL.

PERSONNAGES :

BALTHASAR, saltimbanque............	MM. POTIER.
PÉPITO, paillasse.....................	P. GENTIL.
Lord CLIKET.......................	BLONDEL.
LAMANON, gendarme.................	X...
Un Marseillais.....................	LAUGIER.
Un Marchand de journaux	FAUVEL.
FLORE, colosse....	Mlle MÉRIEL.

Hommes et femmes du peuple.

A Marseille, champ de foire.

UN COLOSSE DE LA FOIRE [*]

Intérieur d'une baraque de saltimbanques. — Un lustre est suspendu au plafond. — A droite, contre le mur, une rangée de bancs. — A gauche, une estrade conduisant dans la chambre de Flore. — Un rideau ferme l'entrée de cette chambre. — Dans le fond, grande porte à deux battants, à côté de laquelle sont une grosse caisse avec ses cymbales, une clarinette et un long bâton. — Des fleurets sont accrochés au mur du fond. — Un siège et une guitare sur l'estrade.

SCÈNE PREMIÈRE

BALTHASAR, PÉPITO *couché sur un banc.*
BALTHASAR, *il est assis, puis se promène silencieux et inquiet.*

Je viens de faire une sieste abominable... Un véritable cauchemar, quoi !... (*Prenant le bâton.*) Allons, il faut se dégourdir... Le bâton détend les nerfs... (*Il fait plusieurs passes.*)

[*] Ce vaudeville a été imprimé tel qu'il devait être représenté au Gymnase. La censure ayant interdit, dans le courant de l'année 1873, les pièces où figurent des gendarmes, je fus obligé de retirer la mienne. Je retranchai le rôle de Lamanon et fis jouer au Théâtre Chave *Un Colosse de la Foire* qui, malgré cette modification, obtint un vrai succès. Mon gendarme, comme on le verra, n'a rien de grotesque. D'ailleurs, le couplet chanté par Balthasar, dans la dernière scène, indique combien j'apprécie le corps d'élite auquel appartient le personnage supprimé.

PÉPITO, *s'éveillant.*

Ah ! le patron qui travaille pour s'entretenir la main !... (*Il se lève et vient, en s'étirant, se placer derrière Balthasar.*) Oh ! la la !... Prenez donc garde, vous venez de m'assommer !...

BALTHASAR

Vraiment !... Juge de mon adresse, puisque je t'ai touché sans te voir...

PÉPITO, *se frottant la tête.*

Ça, c'est un raisonnement qu'il serait facile de rétorquer...

BALTHASAR

Plus je t'administrerai des taloches, plus je te formerai.

PÉPITO

Vous appelez cela former, dites donc plutôt (*se touchant les épaules*) que vous me déformez.

BALTHASAR

De cette manière-là, je t'apprends à parer. Si jamais tu me quittes, tu pourras hardiment te présenter dans toutes les académies.

PÉPITO

Même à l'Académie Française ! Patron, vous paraissez mécontent.

BALTHASAR

En effet, je suis de mauvaise humeur, et ce n'est certes pas sans motif. Arrivée la première sur le champ de foire, Flore, mon intéressante fille, était incomparable, et ne pouvait y être comparée à nulle autre, attendu qu'elle était l'unique. Aussi quel enthousiasme ! quelles recettes ! Tout allait au mieux... Oui, mais la concurrence,

BALTHASAR

Ingrat, nous leur devons les trois quarts de notre recette.

AIR : *Maman, les p'tits bateaux*, etc.

C'est le *china-na-pon*
Qui nous séduit et nous entraîne ;
A peine
Fait-on *pon-pon*,
Qu'à ce signal chacun répond.

PREMIER COUPLET

Nous voyons, tous les jours,
Plus d'un Robert Macaire,
Par de pompeux discours,
Jouer de très bons tours
A ce grand cornichon
Qu'on appelle actionnaire,
Et que toujours l'on tond
Comme un pauvre mouton.

ENSEMBLE

(*Pépito accompagne en battant sa caisse.*)

C'est le *china-na-pon*, etc.

DEUXIÈME COUPLET

Discours de candidats,
D'agioteurs habiles,
De gérants, d'avocats,
Trouveront vingt Thomas
Qui sauront dire non ;
Mais cent mille imbéciles
Viendront comme un goujon
Se prendre à l'hameçon.

ENSEMBLE

(*Même jeu.*)

C'est le *china-na-pon*, etc.

TROISIÈME COUPLET
Attirer le chaland,
Voilà tout le mystère
Du vendeur, du marchand,
Ce qui prouve aisément
Qu'il faut être Gascon.
Et que sur cette terre,
Chacun à sa façon
Fait du *china-na-pon*.

ENSEMBLE

(*Pépito frappe à tour de bras.*)
C'est le *china-na-pon*, etc.

BALTHASAR, *prenant sa clarinette.*

Avons-nous quelques nouveaux calembours... Voyons, répétons notre parade.

PÉPITO, *quittant la caisse.*

Encore la parade !...

BALTHASAR

La parade est la réclame du saltimbanque... Y sommes-nous?... Recueillons notre esprit... Pourrais-tu me dire quel est le maire qui exagère le plus?...

PÉPITO, *cherchant.*

C'est...

BALTHASAR

Tu canes... Eh bien! c'est le maire d'Aix...

PÉPITO

Et pourquoi ?

BALTHASAR

Parce qu'il a toujours *Aix à gérer*.

PÉPITO

Je vais prendre ma revanche. Je vous préviens qu'il y

a de la charcuterie dans mon calembour. Quels sont les gens les moins bêtes?...

BALTHASAR, *cherchant.*

Ce sont...

PÉPITO

Vous n'êtes pas fort... Ce sont les Arlésiens...

BALTHASAR

Et pourquoi pas les Martégaux?

PÉPITO

Parce qu'ils ne sont pas *sots s'ils sont d'Arles.*

BALTHASAR, *riant.*

Ah! ah!... il est raide, celui-là... A mon tour... Quelle est la ville la moins vieille?

PÉPITO

Parbleu, c'est celle d'Hyères.. Celui-là est vieux...

BALTHASAR

Où en trouver de neufs?... Depuis cinquante ans, nos littérateurs et nos hommes d'État ne s'occupent plus que de fabriquer des calembours. Nous pouvons commencer. (*Ils vont à la porte du fond et exécutent devant le public qui s'y trouve la fin de cette scène et une partie de la suivante.*)

PÉPITO, *il se promène en chantant* :

Ma mère n'avait pas quinze ans,
Quand je partis pour l'armée;
Elle me donna deux cure-dents
Dans un fourreau de parapluie.

BALTHASAR

Qu'est-ce que tu chantes-là? Tu ne vois pas que tu fatigues le public qui est impatient de contempler notre incomparable phénomène...

PÉPITO
Qui a fait l'étonnement, l'admiration...

BALTHASAR
Des têtes couronnées de l'Europe.

PÉPITO
Et des têtes moutonnées de leurs États.

BALTHASAR, *lui donnant un coup de pied.*
Des têtes moutonnées!... Sais-tu bien ce que cela signifie?...

PÉPITO
Ah! patron, vous venez de pénétrer dans le Bas-Rhin!... Prenez garde, il y a là le Pruss... (*Rires dans la foule.*)

BALTHASAR
Mesdames et messieurs, le spectacle va commencer. Ennemi des distinctions que la fortune établit parmi les hommes, il n'y a chez moi ni premières, ni secondes places, il n'y a qu'un prix unique, à la portée de toutes les bourses.

PÉPITO
Oui, messieurs, le patron est pour l'égalité avec ceux qui sont plus riches que lui.

BALTHASAR, *lui donnant un coup de pied.*
Je te défends de faire des allusions qui touchent à la politique...

PÉPITO
Vous venez de casser le verre de ma lanterne. (*Nouveaux rires.*)

BALTHASAR

Cette jeune et ravissante personne, comme vous n'en verrez nulle part...

PÉPITO

Et même à Carpentras, est d'une hauteur de deux mètres et quelques centimètres...

BALTHASAR

Sa taille mesure un mètre...

PÉPITO

Et un nombre infini de millimètres... Son poids net...

BALTHASAR

Est de trois cent dix kilogrammes. Elle est âgée de dix-sept ans...

PÉPITO

Remarquez bien que nous ne vous montrons pas un sujet en cire ou empaillé...

BALTHASAR

Non, il est vivant comme vous et parlant...

PÉPITO

Mieux que le patron.

BALTHASAR

Entrez, entrez, messieurs!...

SCÈNE V.

LES MÊMES, *ils continuent de se tenir devant la foule,*
CLIKET, *puis hommes et femmes.*

CLIKET, *il entre vivement, monte sur l'estrade et en mettan un bouquet sous le rideau.*

Flore, ouvrez votre porte à ces jolies filles qui veulen voir leur maman.

FLORE, *sans se montrer*.

Retirez-vous, je me lace.

CLIKET

Je retirerai moi... Mais je lacerais vous bien volontiers... Je fermerais les yeux pour lacer vous.

FLORE

Attendez-moi dans la salle...

CLIKET

Oh! si vous saviez combien j'aime vous!... (*Il descend de l'estrade*).

PÉPITO

Entrez, on va commencer... Si vous n'avez pas d'argent, prenez-le dans la poche de votre voisin; et au besoin, si vous ne voulez pas entrer, vous pouvez nous donner le prix de vos places...

BALTHASAR

Quoique humiliés, nous vous en aurons la même reconnaissance... Entrez, entrez!... C'est trois sous par personne.

FLORE, *montrant sa tête*.

Milord, il faut dès aujourd'hui parler à mon père.

CLIKET

Oh! yes, je parlerai à lui.

PÉPITO, *il reprend sa caisse qu'il bat à tour de bras, pendant que Balthasar joue de la clarinette. Ils se placent à droite dans la cantonnade. Le public entre.*

Entrez, entrez!... suivez le monde!...

CLIKET, *se bouchant les oreilles.*

Goddam! quel vacarme!...

BALTHASAR, *il rentre et salue le public.*

Mesdames et messieurs, mon dévouement à l'humanité m'oblige de vous dire que, s'il y a parmi vous quelques mâchoires qui aient besoin de mon ministère, elles n'auront qu'à se présenter ici. Je ne réclame que vingt sous pour l'extraction d'une dent, tandis que mes confrères exigent trois francs et même cinq francs pour cette opération. Par conséquent plus je vous extrairai des dents, et plus vous ferez des économies.

PÉPITO

Et le patron, en vous arrachant vos dents, vous donnera le moyen de les conserver... Et tout cela sans augmentation de prix.

CLIKET

Oh! yes!... (*A Balthasar.*) Bonjour, monsieur, comment ça va?

BALTHASAR

Pas mal, et vous?...

CLIKET

Moi, ça allait bien. (*A part.*) J'ai parlé à son papa... Le colosse sera contente...

BALTHASAR

Flore, tire le rideau, le public t'attend. (*A Pépito.*) Je vais consulter le marchand de cocos, au sujet du gendarme.

PÉPITO, *quittant sa caisse.*

Et moi manger des gaufres chez la bergère... Il y a

là une petite qui est... (*Se baisant le bout des doigts.*) Je ne vous dis que ça...

BALTHASAR

Va, va, fais l'amour... Ruine ta santé avec les femmes... Puis, quand tu auras quatre-vingt-quinze ans, tu m'en diras des nouvelles. (*Ils sortent.*)

SCÈNE VI.

CLIKET, FLORE, HOMMES ET FEMMES.

FLORE, *elle salue et puis s'assied.*

Messieurs et mesdames, il y a dix-sept ans qu'une femme, surnommée le Mont-Atlas, mettait au monde un enfant prodigieux par sa corpulence. Le bruit que fit cette naissance éveilla l'attention du gouvernement, toujours préoccupé du bonheur de ses administrés. Il nomma une commission qui déclara que ce nouveau-né était un des plus grands phénomènes de la création, et qu'on ne reverrait jamais son pareil. Ce certificat est en notre pouvoir. Vous avez deviné, messieurs, que cet enfant extraordinaire, c'était moi. Chaque jour, des artistes éminents aux yeux desquels je représente la femme primitive, viennent offrir mon pesant d'or à mon père, afin qu'il consente à ce que je leur serve de modèle. L'auteur de mes jours a constamment repoussé leurs offres, prétextant (*elle baisse les yeux*) que la pudeur est le plus beau présent qu'une jeune fille puisse faire à son époux.

CLIKET

Votre papa avait énormément de bon sens.

FLORE, *se levant.*

Vous remarquerez, messieurs, les proportions harmonieuses de mes formes qui concourent toutes, malgré leur exubérance, à composer un ensemble aussi gracieux que parfait... Voyez mon bras (*se retournant*), ma taille. Vous n'ignorez pas que l'on voit beaucoup de colosses qui comblent les vides ou dissimulent certains défauts par des procédés artificiels. Les dames peuvent venir s'assurer que le coton ne remplace et ne cache rien chez moi, et que tout ce que j'exhibe m'appartient réellement.

UN SPECTATEUR

Aco, oh! qu'es ben parla!...

CLIKET

Oh! yes, tout appartient à elle. (*Au spectateur.*) *Ben parla!...* Vous êtes Arabe, vous?

LE SPECTATEUR

Ieou, siou Marsilhès.

CLIKET

Oh! yes, Marseillaise... Un grand peuple qui a pris souvent des bâtiments au pays de moi.

FLORE

Si mon corps est énorme, la nature m'a donné en compensation une voix qui a la douceur et la souplesse de celle d'une fauvette. Veuillez, je vous prie, m'écouter et m'honorer de votre silence. (*S'accompagnant de sa guitare*)

AIR : *Ah! vous dirai-je, maman.*

Ah! vous dirai-je, messieurs,
Ce que j'éprouve en ces lieux!...

De janvier jusqu'en décembre
Je suis seule dans ma chambre,
Et ce n'est que vers le soir
  (Regardant Cliket.)
Qu'il m'est permis de vous voir.

LE PUBLIC, *applaudissant.*

Bravo, bravo !...

CLIKET

Brava, brava !... La Patti ne chante pas mieux que vous !...

FLORE, *après avoir salué.*

DEUXIÈME COUPLET

Quand votre cœur peut aimer
Et librement s'exprimer,
Moi, je ne dis à personne
Le désir qui me chiffonne :
Je sens qu'il me serait doux
(Après un soupir en regardant Cliket.)
De le dire à l'un de vous.

LE PUBLIC, *même jeu.*

Bravo, bravissimo !...

CLIKET, *enthousiasmé.*

Ce regard, il a été pour moi. O adorable miss, je veux arracher vous de cette baraque !...

FLORE, *s'asseyant.*

Silence !... (*Bas.*) Un artiste, lorsqu'il est sur la scène, n'a que le public pour son seul et unique maître. Milord, ne m'obligez pas de manquer à mon devoir. (*Haut.*) Messieurs (*relevant sa robe*), voici ma jambe.

UN SPECTATEUR

Couquin de sort, qu'aco es beou !...

FLORE
(Cliket palpe le mollet.)

Je vais me trouver mal ! Vous m'avez chatouillée, noble étranger... Je crois même que vous m'avez un peu pincée...

CLIKET
Yes, j'ai légèrement pincé vous.

FLORE
Monsieur peut affirmer que la grosseur de ma jambe est l'œuvre de la nature et non celle de l'art.

CLIKET, *au public.*
Non, elle n'est pas de l'art. Son jambe n'a point de coton.

UN SPECTATEUR
Nous allons la toucher.

CLIKET
C'est inutile, moi garantir à vous que son jambe est de la véritable chair, ce qu'il y a de plus chair au monde *(amoureusement)* et de plus cher pour le cœur de moi. *(Bas.)* Je voudrais bien me débarrasser de ces gens-là.

FLORE, *bas en se levant.*
Attendez, milord. *(Au public.)* Messieurs et mesdames, veuillez, si vous êtes satisfaits, faire part à vos amis et connaissances de ce que vous avez vu, je vous en serai fort reconnaissante. *(Saluant en se retirant.)* Bonsoir à la belle et bonne compagnie. *(Elle rentre.)*

LE PUBLIC, *s'en allant.*
AIR : *En l'honneur du patron.*

Cett' jeun' fille est vraiment
Un phénomène étonnant !...

Jamais on ne reverra,
  On n' reverra, (*bis*)
Jamais on ne reverra
Un coloss' comm' celui-là!

SCÈNE VII.

CLIKET, FLORE.

CLIKET, *montant vivement sur l'estrade.*

Flore, nous sommes seuls, et je viens déclarer à vous que si vous repoussez moi, je brûle la cervelle de vous et de moi. (*Il descend de l'estrade avec Flore.*)

FLORE

Je vous l'ai dit, milord, je ne serai à personne autre qu'à vous. Avez-vous parlé à mon père?...

CLIKET

Yes. Il a répondu que ça allait bien.

FLORE

Alors, il a consenti?...

CLIKET

Il a seulement répondu que ça n'allait pas mal, quand j'ai demandé à lui comment ça allait.

FLORE

Mais, lorsque je vous ai engagé à parler à mon père, c'était pour lui demander ma main.

CLIKET

Vous avez dit à moi de parler simplement à lui, et j'ai parlé à lui. S'il ne veut pas accepter mon proposition, je provoque lui en duel et je le tue.

FLORE

Milord, votre affection est-elle bien sincère? On dit que les Anglais sont perfides...

CLIKET

Dans la diplomatie, yes; mais avec les femmes, non.

FLORE

Et qui sait si votre père approuvera le sentiment que je vous ai inspiré?

CLIKET

Le papa de moi est décédé; mais il m'a fait promettre de réconforter notre famille qui dépérit.

FLORE

Je ne vous comprends pas.

CLIKET

Écoutez le explication de ce qui paraît à vous incompréhensible. Mes aïeux ont toujours eu des femmes minces, petites, enfin des miniatures de femmes. Cette manie ayant été funeste aux descendants de l'illustre maison des Cliket, dont vous voyez en moi l'unique rejeton, mon père a dit à moi : « Lord Cliket, si vous continuez d'imiter
« vos ancêtres, vous n'aurez plus pour vous succéder
« que des nains ou des avortons. Je veux que vous cher-
« chiez une femme capable de donner à le Angleterre
« des hommes grands, forts, robustes; et je maudirai
« vous, si vous n'exécutez pas la volonté de moi. » Depuis lors, j'ai vu toutes les colosses de l'univers, et c'est à Marseille que j'ai trouvé l'objet des vœux de moi; car vous êtes la plus prodigieuse, la plus puissante que j'aie rencontrée. Flore, je possède cent mille livres sterling de

revenu. J'ai un magnifique hôtel à Londres, des châteaux, des laquais, des chevaux... Eh bien, tout cela est à vous !...

FLORE, *avec dignité.*

Est-ce à une maîtresse ou à une épouse que vous faites cette offre ?

CLIKET

Le Anglais est trop indépendant pour avoir un maîtresse ; il préfère un femme. C'est moins despote, plus fidèle et plus économique. J'offre à vous mon nom et ma main de gentleman.

FLORE

Milord, votre amour, votre sacrifice sont si grands, que je crains d'être le jouet d'un rêve...

CLIKET

Non, non, vous ne rêvez pas... C'est comme j'ai dit à vous, pour avoir des enfants bien gros, beaucoup grands, beaucoup forts, que j'épouse vous. Ainsi, c'est décidé, partons ; le temps est précieux pour les Anglais !...

FLORE

Et mon père ?...

CLIKET

Je n'ai rien à faire avec votre papa... Ce n'est pas lui que j'épouse.

FLORE

Mais cela, en France, ne se pratique pas ainsi... Il me faut son consentement.

CLIKET

Alors, j'enlèverai vous, nous irons dans la Californie, et le premier individu que nous rencontrerons nous mariera.

FLORE

Jamais, Milord.

CLIKET, *la prenant dans ses bras.*

J'enlèverai vous, malgré tous les obstacles. (*Cherchant à la soulever.*) C'est impossible... Il n'y a que le ballon de Godard qui puisse faire cet enlèvement. Venez, suivez-moi, femme immense! (*Tombant à ses genoux.*) J'adore vous avec passion, avec rage; et je demande à vos pieds le jour où vous calmerez les tourments de moi!...

SCÈNE VIII.

LES MÊMES, BALTHASAR, PÉPITO.

BALTHASAR, *il s'arrête en entrant et bas à Pépito.*

Voilà, je parie, le gaillard qui fait maigrir notre phénomène!... Attention, Pépito, et seconde-moi dans le tableau que je vais exécuter! (*Il vient à petits pas près de Cliket et lui applique un coup de pied, pendant que Pépito donne un vigoureux coup sur la caisse.*)

CLIKET, *se relevant.*

Qu'est-ce?...

FLORE, *se sauvant dans sa chambre.*

Ah! vous m'avez perdue!...

BALTHASAR, *retenant Cliket qui veut suivre Flore.*

En entendant le bruit de la caisse, tu t'es écrié qu'est-ce?... Eh bien, je vais te l'apprendre!... Tu vois devant tes yeux la Colère aux cheveux hérissés, la Vengeance au regard foudroyant qui viennent te demander compte de ton infamie, galopin!...

CLIKET, *écrivant flegmatiquement sur son carnet.*

« Reçu, le cinq septembre, un coup de pied. » Vous savez à quel endroit ?...

BALTHASAR

Oui, et si vous l'avez oublié, je vais vous le rappeler. (*Geste d'un coup de pied.*)

CLIKET, *flegmatiquement.*

Je vous rendrai cela, Monsieur Balthasar.

BALTHASAR

Je suis maître d'armes. (*Le toisant.*) Voudriez-vous échanger avec moi quelques bottes ?...

CLIKET

Yes (*se frottant la partie touchée*), j'échangerais volontiers les bottes de vous contre des pantoufles.

PÉPITO, *bas à Balthasar.*

Je crois que l'Anglais se fiche de nous. (*Le regardant.*) Tiens, tiens !... mais c'est le petit crevé dont je vous ai parlé tantôt !...

BALTHASAR, *le saisissant au collet.*

Que débitiez-vous à ma fille, quand je vous ai surpris à ses genoux ?...

CLIKET

Je lui avouais qu'elle seule pouvait calmer les tourments de moi.

PÉPITO, *le contrefaisant.*

Les tourments de moi... Patron, cet étranger doit souffrir du mal de dents.

CLIKET, *soupirant et mettant la main sur son cœur.*

Oh! yes, là, dedans.

BALTHASAR, *qui n'a pas vu le geste.*

Que ne le disiez-vous de suite... Pépito, fais asseoir monsieur. (*Pépito apporte le siége qui est sur l'estrade.*)

CLIKET, *s'asseyant.*

Mille remerciments.

BALTHASAR

Ouvrez la bouche.

CLIKET

Pourquoi faire?...

BALTHASAR

Parbleu, pour voir vos dents.

CLIKET

Yes. (*A part.*) Il faut sauver le réputation de Flore.

BALTHASAR, *après avoir regardé l'intérieur de la bouche, et bas à Pépito.*

Sa bouche est saine.

PÉPITO

Qu'importe une dent de plus ou de moins. (*Bas.*) Une dent de moins pour lui, c'est vingt sous de plus pour vous.

BALTHASAR

C'est juste, mais c'est canaille. (*Haut en prenant sa clef.*) Je vais vous débarrasser de votre mal de dents en la mettant dehors.

CLIKET, *se levant.*

Non, non... Je veux mon dent dedans et non dehors. J'aime mieux payer à vous l'arrachement et conserver mon dent. Donnez-moi des baumes, des élixirs; j'assure vous qu'ils me guériront.

BALTHASAR

Parole de chirurgien-dentiste, il n'existe point d'autre remède que celui-ci (*montrant sa clef*) : le baume d'acier.

PÉPITO, *bas.*

Si j'allais lui chercher un verre de limonade, nous lui ferions croire que c'est un odontalgique.

BALTHASAR, *bas.*

La loi s'y oppose... Si j'étais médecin, je pourrais me le permettre; mais je ne suis que chirurgien-dentiste. (*Haut.*) On doit tenir à ce qui tient à nous; et, puisque votre dent vous rend la vie insupportable, il faut vous en séparer.

CLIKET

Non, je ne veux pas m'en séparer. Je suis sûr qu'elle tient fortement à moi.

PÉPITO

Du reste, on vous la rendra votre dent.

BALTHASAR

Mieux que cela, je vous la remplacerai, et ça ne vous coûtera que vingt-cinq francs. Allons, Pépito, maintiens monsieur sur son siége pendant l'opération.

CLIKET, *se dégageant.*

Goddam ! laissez-moi (*montrant son pistolet*), autrement prenez garde à vous !...

BALTHASAR, *furieux.*

Vous êtes donc venu chez moi avec des intentions coupables?... (*Prenant un fleuret.*) Avoue-le, coquin, ou je te tue !...

FLORE, *de l'estrade.*

Quel bruit!... Que se passe-t-il ici?

CLIKET

Votre papa veut arracher un dent à moi.

FLORE

Je défends qu'on lui arrache la moindre des choses. Cet homme-là m'appartient!...

PÉPITO

C'est son amant.

BALTHASAR, *la menaçant.*

Malheureuse, tu t'es donc vendue?

PÉPITO

Patron, les femmes ne se vendent plus, elles se louent.

CLIKET

Flore, rentrez chez vous. (*Bas.*) Votre amour me rendra invincible. (*Elle sort.*) Maintenant (*à Balthasar*), ils peuvent venir quarante comme vous (*il va prendre un fleuret*), je ne les crains pas.

BALTHASAR

Ah! vous me défiez, moi, un maître d'armes!... Démouchetons nos fleurets.

CLIKET

Démouchetez le vôtre... Vous êtes le père de Flore, et moi je ne veux pas tuer vous.

BALTHASAR

Quelle arrogance!... Alors vous me forcez de vous imiter. (*Se mettant en garde.*) Je vous attends.

CLIKET, *flegmatiquement.*

Vous y êtes? (*Ils croisent le fer.*) Parez donc... (*Après plusieurs passes.*) Vous voilà désarmé, et je rends à vous le coup de pied par un coup d'épée... au même endroit... Vous savez...

PÉPITO

Comment, patron, vous vous êtes laissé désarmer?...

BALTHASAR, *se frottant.*

J'ai été surpris.

CLIKET

Désirez-vous recommencer?...

BALTHASAR

Vous êtes généreux, je vous reconnais pour mon maître. (*Lui donnant une poignée de main.*) Vous êtes fort... J'aime les hommes forts!...

PÉPITO

Je ne suis pas de votre avis : je n'ai jamais aimé ceux qui sont plus forts que moi.

CLIKET

Voulez-vous voir l'adresse de moi au pistolet. M. Pépito, placez-vous là, et mettez à votre bouche le pipe de M. Balthasar. (*S'éloignant en visant la pipe.*) Eh bien! moi enlever le tête de pipe sans toucher M. Pépito.

PÉPITO

Ne tirez pas, vous pourriez vous tromper de tête.

BALTHASAR

Voyons, essaie donc, poltron; va, tu ne risques pas grand'chose.

PÉPITO

Tenez, je le veux bien ; mais à une condition, c'est que monsieur emploiera de la poudre qui aura déjà servi.

CLIKET, *écrivant sur son calepin.*

« Le coup de pied reçu le cinq septembre, a été rendu « le même jour par un coup d'épée. » Voyez ce calepin.

BALTHASAR, *lisant.*

« Souvenirs de lord Cliket. » (*Bas à Pépito.*) C'est un lord.

PÉPITO

Bah ! l'or n'est qu'une chimère...

BALTHASAR, *lisant.*

« Un Prussien m'a souffleté aux eaux de Baden... Deux « jours après, le Prussien a eu la mâchoire traversée « par une balle. Reçu à Lisbonne un coup de poing à « l'œil droit. »

CLIKET

Et j'ai rendu au Portugais un coup d'épée qui lui a crevé son œil droit.

BALTHASAR

Tudieu ! comme vous y allez !...

CLIKET

Continuez.

BALTHASAR, *rendant le calepin.*

Ce que j'ai lu me suffit.

CLIKET

Il y en a une centaine comme cela dans le carnet de moi. Si vous m'aviez arraché un dent avec le baume d'acier, moi, j'en aurais enlevé plusieurs à vous avec le baume de pistolet.

AIR : *Fallait pas qu'y aille.*

J'ai l'humeur assez bonne,
Je suis généreux et loyal.
Je rends ce qu'on me donne
Soit en bien soit en mal.
   Quand c'est le bien,
   On ne perd rien,
Je l'rends avec usure,
   Et je vous jure
   Que l' mal aussi
J' ne' l' rends pas à demi.
   (*Menaçant.*)
  Alors gare, gare !...
  Car Cliket,
  On le sait ;
S' bat comme un barbare
Au sabre, au pistolet,
  Gare, gare, gare !...
  C'est Cliket.

PÉPITO

Fichtre ! (*Bas à Balthasar.*) Il faut filer doux avec lui !...

BALTHASAR

Mais revenons à notre sujet. M'expliquerez-vous enfin vos intentions à l'égard de ma fille ?...

CLIKET

J'ai cent mille livres sterling de revenu et je viens demander à vous la main de mademoiselle Flore.

PÉPITO, *bas.*

Patron, cela fait deux millions cinq cent mille francs par an.

BALTHASAR, *surpris.*

Deux millions cinq cent mille francs... (*S'inclinant en*

se découvrant.) Milord, je suis très sensible à l'honneur que vous me faites... Mais qui me dit que cela soit vrai?...

CLIKET

Les premières maisons de France renseigneront vous sur le honorabilité de lord Cliket et sur sa fortune qui est déposée à la banque.

BALTHASAR

Quelle banque?... Nous avons plusieurs raisons de nous méfier de certaines banques?

CLIKET

La banque de Angleterre.

BALTHASAR

Deux millions cinq cent mille francs de revenu!... Milord, croyez bien que je ne suis point dominé par l'intérêt... Ma fille vous a-t-elle agréé?...

CLIKET

Mon félicité ne dépend plus que de vous.

BALTHASAR

Oh! milord, je suis trop bon père pour ne pas adhérer à cette union. (*Appelant.*) Flore!...

FLORE, *descendant de l'estrade.*

Papa.

BALTHASAR

Approche, mon enfant, et réponds-moi avec franchise : aimes-tu ce noble étranger et veux-tu le prendre pour ton époux?

FLORE, *baissant les yeux.*

Mais oui, papa.

BALTHASAR, *mettant la main de Flore dans celle de Cliket.*

Milord, ma mission est accomplie... (*Ému.*) Flore, tu as été notre gagne-pain, qu'allons-nous devenir loin de toi?...

PÉPITO

Cette séparation sera pour nous la misère... Deux millions cinq cent mille francs de revenu... Oh! jamais nous ne pourrons vous quitter!...

FLORE, *pleurant.*

Milord, si vous m'aimez vous n'abandonnerez pas mon père.

CLIKET

Je fais lui chargé de mon correspondance avec la France... Il aura un livre sterling par jour.

BALTHASAR, *attendri.*

Je suis confus de tant de générosité.

PÉPITO

En voilà une charge!... Vingt-cinq francs par jour pour estropier la langue française.

BALTHASAR, *bas.*

Les autographes les plus estimés sont ceux où il y a le plus de fautes.

CLIKET

Quant à vous, jeune clown; non pas clown... (*A Balthasar.*) En français, vous appelez cela paillasse... Oh! yes... Eh bien, comme paillasse, vous me lirez les discours de nos hommes politiques... Je vous donnerai quatorze schillings par jour.

PÉPITO, *réfléchissant.*

Cela fait à peu près dix-sept francs... (*Sautant de joie.*) Juste les appointements que reçoit Toby (*), l'éléphant de Marseille!... Merci, fils de la Grande-Bretagne... Oh! que je voudrais l'être (*éternuant.*) Anglais!...

CLIKET

Étrangler moi?

PÉPITO

Je dis que je voudrais être votre compatriote.

BALTHASAR, *prenant la main de Flore.*

A présent, ma fille...

SCÈNE IX.

LES MÊMES, LAMANON, puis un crieur (*du dehors*).

LAMANON, *entrant.*

Votre fille?... Non, c'est la...

BALTHASAR, *se retournant.*

Chut!... (*Bas à Lamanon.*) Flore doit ignorer le secret de sa naissance. (*Haut*) Mon enfant, prends ta guitare et pince un air patriotique pendant que je vais causer avec ces messieurs. (*Flore s'asseoit sur un banc et joue de la guitare.*)

CLIKET, *à Lamanon.*

Qu'alliez-vous dire?...

LAMANON

Que Flore est ma fille.

(*) L'éléphant Toby, mort le 29 mai 1886, coûtait dix-sept francs par jour à la ville, tandis que, plus tard, il ne coûta qu'une douzaine de francs à la Direction du Jardin Zoologique.

CLIKET

Quoi, elle aurait plusieurs pères?

PÉPITO

Quand on a plusieurs pères, c'est comme si on n'en avait point.

BALTHASAR

M. Lamanon, j'ai consulté mon voisin, le marchand de cocos, qui était autrefois avocat, il m'a dit que vous n'avez aucun droit sur Flore.

LAMANON, *colère.*

Mille noms d'une cartouche!...

BALTHASAR

Modérez-vous, homme d'armes, et n'imitez pas les minorités.

CLIKET

La modération sied au droit, même lorsqu'il lutte contre la force.

LAMANON

C'est vrai. (*A part.*) Ce petit-là doit écrire dans un journal de l'opposition. (*Haut.*) Mais la lentille n'est-elle pas un indice?... Ne rusons pas, M. Balthasar.

BALTHASAR

Votre lentille ne prouve rien. La justice veut des actes qui affirment votre paternité. Il faut s'incliner devant la loi.

CLIKET

Et vous, monsieur, plus que tout autre, puisque votre mission est de la faire exécuter.

LAMANON, *à part.*

Cet homme-là n'est pas dans l'opposition... Il doit voter pour le gouvernement.

BALTHASAR

Avez-vous reconnu votre fille?

LAMANON

Non.

BALTHASAR

Avez-vous eu soin de son adolescence, de son enfance?...

LAMANON

Jusqu'à onze mois, je l'ai nourrie du lait de sa mère, puis je...

BALTHASAR

Par conséquent, d'après le Code, rien ne démontre qu'elle soit votre fille. Du reste (*ému*) je n'ai plus d'autorité sur Flore. (*Indiquant Cliket.*) Voici son époux.

LAMANON, *surpris.*

Son époux?... (*A Pépito.*) Je ne comprends pas qu'une créature aussi colossale se soit unie à un homme qui ressemble à une clarinette?

PÉPITO

C'est dans la nature : les extrêmes se recherchent. (*Bas.*) Et puis il est archimillionnaire.

LAMANON, *à Cliket.*

Vous la rendrez heureuse, n'est-ce pas?

CLIKET

Oh! yes!... Je le promets à vous, qui êtes une des gloires de la France.

LAMANON, *lui tendant la main.*

Les Anglais sont des braves; je les ai vus en Crimée... Ils se battent bien.

CLIKET

Yes; mais ils savent encore mieux faire battre les autres.

LAMANON, *attendri.*

Flore (*elle se lève et descend la scène*), laissez-moi vous embrasser!... (*A Balthasar.*) J'aimais tant sa mère!.. (*Son chapeau tombe en embrassant Flore.*)

BALTHASAR, *bas.*

Oh! oui, nous l'aimions bien!... (A Pépito qui a ramassé vivement le chapeau.) Imprudent!... (*prenant le chapeau.*) Ce n'est qu'avec la plus grande vénération que l'on doit toucher à ce symbole de la probité et du courage.

AIR : *Je n'ai point vu dans ces bosquets.*

Ce couvre-chef mérite nos respects,
Je vois en lui l'honneur et la vaillance.
Il est l'effroi des méchants, des suspects,
Il est l'espoir de notre pauvre France.
Oui, ce chapeau représente...

PÉPITO
                Patron,
Sa forme, hélas! n'offre rien qui m'enchante,
Et, si je n'étais plus garçon,
Je ne voudrais pas sur mon front
Tout ce qu'elle nous représente.

LAMANON, *donnant la main à Balthasar.*

C'est bien, monsieur Balthasar. (*A Pépito.*) Vous, vous êtes un farceur. (*Il se couvre et à Cliket.*) Je suis si content que Flore soit votre épouse que je voudrais danser. (*Il danse.*)

PÉPITO, *le retenant.*

Cela vous est défendu.

LAMANON

Et pourquoi ?...

PÉPITO

Parce qu'un gendarme est comme un magistrat, il doit être attaché au parquet. (*Ils rient.*)

BALTHASAR, *prenant sa clarinette.*

Pépito, reprends ta caisse et en avant la musique.

PÉPITO, *prenant sa caisse.*

AIR : *Il était un riche pacha.*

Ah! puisque j'ai le traitement
Que touche Toby l'éléphant,
J'abandonne dès à présent
Cett' caisse qui fit mon tourment.
Celle d' l'Anglais assurément
Me donnera plus d'agrément.

(*A la reprise de l'air, Balthasar joue de la clarinette en dansant avec Flore, Cliket et Lamanon.*)

PÉPITO, *après quelques mesures qu'il a accompagnées en battant la caisse.*

Silence!... (*Tous restent immobiles dans l'attitude qu'ils avaient en dansant.*)

UN CRIEUR, *du dehors.*

Le Petit Marseillais... fort intéressant aujourd'hui!... (*Tous s'approchent de la porte du fond pour écouter.*) Vous y verrez le mariage de mademoiselle Flore, l'incomparable colosse de la foire, avec un riche Anglais... Vendu un sou.

BALTHASAR

Voilà un journal bien renseigné, puisqu'il annonce les nouvelles avant leur arrivée.

LAMANON, *tirant son sabre.*

Y aurait-il parmi nous des traîtres?...

CLIKET

C'est moi qui avais fait part au reporter de lui de mon mariage avec Flore.

LE CRIEUR

Et le repas des fiançailles qui aura lieu chez Roubion... Vendu cinq centimes... Un sou.

PÉPITO

Vous l'entendez, patron. nous irons chez Roubion...

BALTHASAR

Eh bien, quoi! c'est un restaurateur.

PÉPITO

Bigre, mais moi, j'aime mieux un bon restaurateur qu'un savant ou un héros!...

BALTHASAR

Tu es une brute!...

LAMANON

Pis que ça, c'est un animal. Oser dire qu'il préfère un restaurateur à un héros?... Mille noms d'une cartouche!... Cet homme-là n'est pas même un animal, c'est un cornichon!...

CLIKET

Oh ! yes !... un cornichon !...

(*Ils descendent la scène.*) (*)

LAMANON, *d'une voix forte, en tirant son sabre.*

Halte !... Alignement. (*Il les passe en revue, puis vient se placer entre Pépito et Flore, en se mettant au port d'armes.*) Fixe, et soyons calmes devant le danger !

AIR PRÉCÉDENT

FLORE, *au public.*

Messieurs, pour que cette union...

CLIKET

Cause ma satisfaction...

LAMANON

Il faut votre approbation...,

BALTHASAR

Autrement point de Roubion.

FLORE

Songez que les émotions ..

PÉPITO

Donnent des indigestions ! (**)

LE RIDEAU BAISSE LENTEMENT

(1871)

(*) Lamanon, Pépito, Flore, Cliket, Balthasar.
(**) Lamanon, Flore et Cliket saluent le public pendant que Balthasar et Pépito jouent de leurs instruments.

LE NEZ DE M. BLONDEL

COMÉDIE BURLESQUE EN UN ACTE

Représentée le 30 mai 1880 sur le Théâtre Chave.

PERSONNAGES :

BLONDEL, directeur de compagnie d'assurances contre l'incendie.
CASIMIR, sergent des sapeurs-pompiers. (Grande tenue).
ANATOLE, garçon de recette.
Un Ouvrier pompier-plombier.
M῾῾ GAUDENTIE.
M῾῾ CAROLINE.

La scène se passe à Marseille.

LE NEZ DE M. BLONDEL

Un salon. — Porte dans le fond. — A droite, premier plan, une cheminée garnie sur laquelle se trouvent du papier, un crayon, un sifflet et un petit panier. — A gauche, une porte. — Portes latérales au second plan. — Celle de droite s'ouvre sur la scène. — Des chaises, sur l'une desquelles sont le chapeau et le paletot de Blondel. — Une ficelle pend dans l'intérieur de la cheminée.

SCÈNE PREMIÈRE.

GAUDENTIE, *regardant la pendule.*

Mon parrain tarde bien à sortir. Ce n'est pas son habitude. Casimir, qui loge au cinquième étage, est sans doute sur les toits pour y attendre mon signal. (*On joue le refrain de l'air de* Guerre aux tyrans *sur un accordéon, dans la coulisse de droite.*) C'est lui; je l'entends!... Écrivons vite ce billet : (*Elle écrit en s'appuyant sur la cheminée.*) « Mon parrain est encore chez lui; ne descen-« dez pas avant que je vous prévienne. » Je mets le billet dans mon panier. (*Elle attache le panier à la ficelle qui est dans la cheminée.*) J'avertis Casimir par un coup de sifflet. (*Elle siffle.*) Mon amoureux tire la ficelle (*le panier monte*), et le voilà renseigné et tranquille. C'est ainsi que nous correspondons. Le procédé est simple... Personne ne se trouve dans la confidence, et nos affaires marchent à merveille. (*Le panier descend.*) La malle-

poste revient et m'apporte la réponse. (*Elle prend le billet et lit.*) « Ma chère Gaudentie, j'attends avec impa-
« tience le moment qui me rapprochera de vous. Vous
« savez que ce moment-là est le plus heureux de ma
« vie. »

SCÈNE II.

GAUDENTIE, BLONDEL, *de la première chambre à gauche.*

BLONDEL, *appelant.*

Gaudentie !

GAUDENTIE

Mon parrain.

BLONDEL

Quelle heure est-il ?

GAUDENTIE

Bientôt neuf heures.

BLONDEL

Déjà neuf heures !... Où donc ai-je mis mon chapeau et mon paletot ?...

GAUDENTIE

Vous les avez laissés ici, sur une chaise.

BLONDEL, *en robe de chambre.*

Mon Dieu, quelle nuit ! Figure-toi que, hier au soir, j'ai soupé chez mon ami Blanchard, qui vient d'hériter d'un oncle. En reconnaissance de ce bienfait, — car le pauvre défunt lui a laissé deux cent mille francs, — Blanchard a voulu régaler ses amis.

GAUDENTIE, *ironiquement.*

Amassez de l'argent, faites des économies, afin que vos héritiers se réjouissent de votre mort !...

BLONDEL

Cette pensée est juste. Il est clair que les parents ne se réjouiraient pas du tout, si on ne leur laissait rien. A sa place, moi, je n'aurais légué à mon neveu que l'exemple de ma vie ; c'est ça qui lui aurait fait plaisir !... Comme invité, j'ai dû féliciter Blanchard... On a servi à ce souper un pâté si engageant que toute la nuit j'ai été...

GAUDENTIE

Il fallait m'appeler, je vous aurais fait une infusion.

BLONDEL

Je n'ai pas voulu interrompre ton sommeil... Dis-moi, Gaudentie, ne t'es-tu pas aperçue que, depuis plusieurs jours, ce cabinet (*désignant la porte à droite*) exhale des odeurs... nauséabondes ?...

GAUDENTIE

Elles doivent provenir d'une fuite de gaz.

BLONDEL

Ces odeurs-là, d'après moi, n'ont aucun rapport avec celles du gaz éclairant... C'est à n'y pas tenir quand le mistral souffle.

GAUDENTIE

Il faut avouer aussi, mon parrain, que vous ne pouvez rien supporter et que vous aimez beaucoup vos commodités.

BLONDEL

Est-ce un jeu de mots que tu fais là, Gaudentie ?... (*Se serrant le ventre.*) Oh ! la la !... Voilà que ça me reprend !... (*Mettant son paletot et son chapeau.*) Je vais dire à mon pompier de venir de suite, afin qu'il nous débarrasse de l'odeur en question. (*Il entr'ouvre la porte du cabinet qu'il referme vivement.*) Vrai, il y a là des émanations insupportables... C'est que j'ai un nez comme il y en a peu.

GAUDENTIE

Dites donc comme il n'y en a point (*riant*); car vous pourriez aisément vous cacher derrière lui.

BLONDEL

Sa dimension est l'indice d'une grande intelligence. Les imbéciles ont généralement un petit nez... (*Se serrant le ventre.*) Et dire que ce pâté était si bon !... Je cours chez le pompier...

SCÈNE III.

GAUDENTIE, puis CASIMIR.

GAUDENTIE, *elle va vers la cheminée et écrit.*

« Mon parrain vient de sortir... Vous pouvez descen-
« dre. » (*Elle met le papier dans le panier et siffle.*) Vite, dans la boîte aux lettres... (*Le panier remonte.*) C'est drôle, comme le cœur bat quand on attend celui qu'on aime !... Observons-nous... J'ai lu dans le guide des demoiselles, qu'une jeune fille bien élevée ne doit jamais laisser entrevoir à son prétendu ce qu'elle ressent pour lui.

CASIMIR, *entrant vivement.*

Ah! ma chère Gaudentie, je suis gelé !... Voilà une heure que j'attends sur les toits votre réponse... Et il y fait un froid de loup.

GAUDENTIE

Vous êtes superbe, monsieur Casimir!...

CASIMIR

C'est aujourd'hui sainte Barbe, patronne des sapeurs-pompiers; et pour célébrer dignement sa fête, nous avons tous endossé l'uniforme.

GAUDENTIE, *le regardant.*

Franchement, vous êtes très bien sous ce costume.

CASIMIR

Aussi chacun s'arrête sur mon passage. D'après l'expression des physionomies et ce que j'entends chuchoter, il faut croire que je ne suis pas trop mal.

GAUDENTIE

Quand vous portez votre uniforme...

CASIMIR

Méchante, vous humiliez votre futur époux!

GAUDENTIE

Monsieur Casimir, voulez-vous connaître mon sentiment? Eh bien! j'ai dans l'idée que vous ne rendrez pas votre femme heureuse...

CASIMIR

Et pourquoi?

GAUDENTIE

Vous avez une trop bonne opinion de votre personne, et je crains que la fidélité ne soit pas votre principale vertu.

CASIMIR

Vous me jugez mal. Du moment que vous m'avez fait espérer que je serai un jour votre mari, toutes mes pen-

sées n'ont été que pour vous. Gaudentie, je vous aime!...
Mon cœur ne bat plus que pour vous... C'est vous qui
l'animez (*avec chaleur*), qui l'enflammez, qui l'incendiez!...

GAUDENTIE, *riant.*

Heureusement que vous êtes pompier, et il vous sera
facile...

CASIMIR

Toutes les pompes du monde ne parviendraient pas à
éteindre le feu qui me consume.

GAUDENTIE, *riant.*

Il faut alors vous faire assurer... Justement mon parrain est directeur d'une compagnie d'assurances contre
l'incendie et même le feu du ciel...

CASIMIR

Ah! si on pouvait s'assurer contre les incendies du
cœur, que de tourments on épargnerait à notre pauvre
humanité!...

GAUDENTIE

La meilleure assurance contre le mal dont vous vous
plaignez, est de mettre toute votre confiance dans la personne qui vous a dit : « Monsieur Casimir, je n'appartiendrai jamais à aucun autre que vous. »

CASIMIR

C'est vrai, vous m'avez fait cette promesse... Il ne dépend donc que de vous d'abréger mon supplice, en me
fixant le jour où je pourrai vous appeler ma femme.

GAUDENTIE

Je suis orpheline, et, bien que je vous aie donné mon

affection, c'est mon parrain, mon tuteur, qui décidera de mon mariage...

CASIMIR

Gaudentie, il faut dès aujourd'hui lui faire part de mes sentiments pour vous; sinon vous serez la cause d'un malheur!... Vous aurez ma mort à vous reprocher.

GAUDENTIE, *elle chante en riant.*

« *Ah ça! Casimir, voulez-vous bien finir!* (*) » Mon parrain va rentrer. Retournez chez vous. Dans deux heures, vous jouerez un air comme vous l'avez joué tantôt, et si vous ne recevez pas de réponse, vous pourrez alors vous rendre ici. J'aurai préparé mon parrain à agréer votre proposition.

CASIMIR, *lui baisant les mains.*

Faites qu'il accède à mes vœux, je vous en supplie; car, s'il repousse ma demande, je me suiciderai. Et, afin de me venger, chaque jour, par cette cheminée, je ferai (*dramatiquement*) descendre un lambeau de mon cadavre!... Gaudentie, à bientôt!... (*En ouvrant la porte, il rencontre Anatole.*)

SCÈNE IV

LES PRÉCÉDENTS, ANATOLE.

ANATOLE, *il se découvre en cédant le pas à Casimir.*

Après vous.

CASIMIR, *saluant.*

Je n'en ferai rien : la finance a le pas sur toutes les professions comme sur toutes les institutions.

(*) Refrain d'une chanson intitulée : *Ah ça! Casimir*, fort en vogue à l'époque où fut écrite cette comédie.

ANATOLE

Il est, au-dessus des financiers, un corps d'élite devant lequel chacun se découvre avec admiration, c'est celui dont vous faites partie.

CASIMIR

Vous représentez le mobile, le rêve de l'humanité, l'industrie, la propriété, la pièce de cent sous...

ANATOLE

Que vous cherchez, au péril de vos jours, à conserver, à sauver quand l'incendie les menace ou les dévore.

CASIMIR

Vous exposez souvent votre fortune.

ANATOLE

Mais vous, monsieur, vous exposez constamment votre vie... C'est donc à moi de vous céder le pas...

(*Ils se saluent et se donnent une poignée de main.*)

CASIMIR, *sortant.*

Je suis votre serviteur.

ANATOLE

Moi, le vôtre.

SCÈNE V.

GAUDENTIE, ANATOLE, *ils descendent la scène.*

GAUDENTIE

Je vois avec plaisir que le capital rend justice au corps des sapeurs-pompiers... Vous venez pour un encaissement?

ANATOLE

L'argent est étranger au motif qui me procure l'honneur d'être auprès de vous. Chargé, dans votre quartier, des recouvrements du Comptoir Forestier, j'ai eu le plaisir de vous voir maintes fois chez vous et chez vos fournisseurs. Depuis le jour où vos charmes ont fixé mes regards, je n'ai plus eu qu'une seule ambition, celle d'unir ma destinée à la vôtre.

GAUDENTIE

Vos intentions sont très flatteuses pour moi; mais vous auriez dû, avant de m'en faire part, vous adresser à monsieur Blondel.

ANATOLE

J'ai désiré avoir votre assentiment avant de me présenter à monsieur votre parrain.

GAUDENTIE

Il vous faudra renoncer à vos projets : ma main est promise.

ANATOLE

Promettre et tenir sont deux.

GAUDENTIE

Vraiment!

ANATOLE

Mais oui... Et si le mariage que je vous propose est plus avantageux, il vous sera facile de trouver une excuse, un prétexte pour retirer votre parole... Dans le commerce cela se fait journellement...

GAUDENTIE, *avec intention.*

Ah! cela se fait dans le commerce!

ANATOLE

Je serai franc et bref, car le temps presse... Il faut que

je m'établisse au plus tôt. Le Comptoir Forestier est soupçonneux, méfiant comme toutes les maisons de banque. Il a constamment l'œil sur son personnel... Déjà, il a des doutes sur mon compte, et s'il venait à savoir...

GAUDENTIE

Quoi donc?... Auriez-vous abusé de sa confiance?...

ANATOLE

Jamais... L'employé d'une maison de banque est un être à part ; on lui défend ce qui est permis au commun des mortels... Dans les bureaux de la finance, malheur à celui qui chanterait et mettrait en pratique le chœur de *Robert le Diable*. (*Chantant*) :

Le vin, le jeu, les belles,
Voilà nos seuls amours!

Oui, cela est interdit aux employés de la Banque, et elle flanquerait à la porte celui qui montrerait un penchant pour quelqu'une de ces passions. Aussi elle nous observe, nous épie à tout instant, et je serais perdu, si elle apprenait que...

GAUDENTIE

Parlez, monsieur, parlez. (*Elle le prie de s'asseoir.*)

ANATOLE, *s'asseyant.*

Un jour, je me présentai chez une petite dame, une ex-figurante du corps de ballet de notre première scène...

GAUDENTIE, *elle s'asseoit.*

Et que fait-elle actuellement?

ANATOLE, *embarrassé.*

Rien... Elle a une pension.

GAUDENTIE

Du gouvernement?

ANATOLE

Non.

GAUDENTIE

Une pension bourgeoise?

ANATOLE

Non plus.

GAUDENTIE

Une maison d'éducation?

ANATOLE

Encore moins... C'est une pension de cinq cents francs par mois que lui fait... un oncle.

GAUDENTIE

Quel bon oncle!

ANATOLE

Je me présentai donc chez cette demoiselle, pour y encaisser un billet qu'elle avait souscrit à l'ordre d'un fournisseur. En le voyant, elle pâlit et tomba en défaillance. — C'est un système qu'elle a adopté quand on la contrarie. — Je la fis revenir à elle. Alors elle m'avoua qu'il lui était impossible de payer et qu'elle se tuerait, si je laissais protester sa signature... Oh! qu'elle était belle en ce moment!... Elle passa ses bras potelés autour de mon cou, me disant les mots les plus affectueux... Et moi, attendri, ébloui, ému, vaincu, je lui répondis (*noblement*): « Vivez, mademoiselle, voici votre billet!... »

GAUDENTIE

C'est vous qui l'avez payé?...

ANATOLE

Pouvais-je, pour une aussi minime somme, — cinquante-neuf francs soixante centimes, — laisser une femme se suicider... « Merci, me dit-elle, merci !... Tu es bon, toi, tu es grand, tu es... »

GAUDENTIE

Elle vous tutoya ?...

ANATOLE

C'est une habitude qu'elle avait contractée lorsqu'elle était danseuse. Vous saurez qu'au théâtre, directeur, auteur, régisseur, souffleur, acteur, décorateur, coiffeur, instrumentiste, machiniste, accessoiriste, luminariste, tous se tutoient... « Tu es sublime, continua-t-elle ; désormais ma maison sera la tienne... Viens chez moi aux heures que je t'indiquerai... Ne t'inquiètes point de la source de mon bien-être... Qu'il te suffise de savoir que j'ai un oncle millionnaire. »

GAUDENTIE

Et pourquoi ne pas l'épouser, puisqu'elle vous aime et qu'elle a un oncle si riche ?...

ANATOLE, *riant.*

O jeune fille, j'admire votre candeur !... Cet oncle n'est qu'un parent de convention... Vous le voyez, mademoiselle, il faut que je mette de l'ordre dans ma conduite... Cette femme est continuellement sur mes pas. Je veux rompre avec elle ; et, pour cela faire, il ne me reste qu'un moyen : le mariage.

GAUDENTIE

Votre mariage n'a pour but que de conserver votre emploi au Comptoir Forestier.

ANATOLE

Vous savez tout. N'ayant point à faire d'encaissement aujourd'hui, je puis disposer de ma journée. Je reviendrai causer avec monsieur Blondel, afin d'obtenir son consentement à notre hymen. (*Il se lève.*)

GAUDENTIE, *se levant aussi.*

Vous allez vite, monsieur...

ANATOLE

La Banque est l'ennemie des atermoiements, des retards... Quand votre parrain saura les fonctions que je remplis et le brillant avenir qui m'est réservé dans la carrière financière, il appréciera tous les avantages qu'une alliance avec moi peut offrir à sa filleule.

GAUDENTIE

Vous croyez cela?...

ANATOLE

A moins que vous ne vous y opposiez... Permettez-moi d'espérer le contraire... (*Saluant.*) Veuillez, mademoiselle, agréer l'assurance de ma parfaite considération. (*Il va pour sortir, puis redescend.*) J'oubliais de vous laisser ma carte. Monsieur Blondel pourra se renseigner sur ma moralité et sur ma situation présente et future. (*Il sort.*)

SCÈNE VI.

GAUDENTIE, puis BLONDEL.

GAUDENTIE, *lisant en descendant.*

« Anatole Grujon, attaché à la caisse du Comptoir Forestier. » En voilà un qui se donne du galon !... Il se dit attaché à la caisse pour ne pas avouer qu'il est garçon de recette.

BLONDEL, *entrant.*

Le pompier est-il venu ?...

GAUDENTIE

Oui, mon parrain.

BLONDEL, *se pressant le ventre.*

Oh ! le maudit pâté ! Et qu'a-t-il dit, le pompier ?... (*)

GAUDENTIE

Il veut vous voir.

BLONDEL

Mais il n'a pas besoin de me voir... Il n'avait qu'à s'entendre avec toi.

GAUDENTIE

Il est trop honnête pour en agir ainsi.

BLONDEL

C'est donc sérieux ?...

GAUDENTIE

Très sérieux.

BLONDEL

Voilà encore de nouveaux frais pour moi.

GAUDENTIE

Il fera les choses le plus économiquement possible.

BLONDEL

On dit toujours cela ; puis, quand arrivent les notes des fournisseurs, je remarque qu'ils cotent les choses (*appuyant*) le plus chèrement possible.

(*) De temps à autre, pour indiquer qu'il a des coliques, l'acteur se presse le ventre jusqu'à la XIIe scène.

GAUDENTIE

C'est un jeune homme rangé, laborieux, et qui m'aime trop pour vous entraîner dans de folles dépenses...

BLONDEL

Qu'est-ce que tu me chantes là, il t'aime trop?...

GAUDENTIE

Et aujourd'hui même, il viendra me demander en mariage.

BLONDEL

Un homme qui fait un pareil métier a osé lever les yeux sur toi?... Et tu voudrais mettre ta main dans celle d'un individu qui se livre à des travaux parfois si dégoûtants?... Pouah!... Jamais je n'y consentirai...

GAUDENTIE

Mais, mon parrain, nous équivoquons...

BLONDEL

Allez, folle que vous êtes, me faire une infusion de thé. (*Désignant la 2me porte à gauche.*) Allez..., et pas un mot de plus à l'égard du pompier!...

GAUDENTIE, *à part, en sortant.*

Il est de mauvaise humeur; attendons un autre moment pour lui parler de Casimir.

SCÈNE VII.

BLONDEL, puis CAROLINE.

BLONDEL

Il faut réellement qu'elle ait perdu la tramontane pour vouloir épouser un ouvrier qui travaille au fonctionnement des fosses plus ou moins inodores !... Si jamais on me reprend, le soir, à manger du pâté, je veux bien que le diable...

CAROLINE, *entrant et à part.*

D'après mes informations, c'est ici qu'il a dû venir. (*Saluant.*) Monsieur...

BLONDEL, *saluant.*

Madame...

CAROLINE

Monsieur est le propriétaire de cette maison où le troisième étage est à louer ? (*A part.*) J'ai là un bon prétexte pour le faire causer.

BLONDEL

Oui, madame ou... mademoiselle...

CAROLINE

Madame ou mademoiselle, peu importe.

BLONDEL

Cependant il y a une différence...

CAROLINE

Insignifiante pour des gens qui sont au-dessus des préjugés.

BLONDEL, *à part, en portant la main à son nez.*

Cette femme me paraît avoir des idées... avancées...

CAROLINE

Monsieur est marié ?

BLONDEL

Je suis veuf.

CAROLINE

Monsieur ne songe pas à convoler ?

BLONDEL

Pas le moins du monde... Mais veuillez vous remettre. (*Ils s'asseoient.*)

CAROLINE

Vous vivez seul ?

BLONDEL

Avec ma filleule.

CAROLINE, *à part.*

C'est cela. (*Haut.*) Elle est jeune ?...

BLONDEL

Jeune et jolie. (*A part.*) Cette femme serait-elle une entrepreneuse de mariage ? (*Il se lève vivement en se pressant le ventre.*) Sapristi !... Je vous demande pardon, madame, je suis à vous dans un instant.

CAROLINE

Je vous ai peut-être dérangé ?

BLONDEL, *à part, en courant au cabinet.*

C'est le pâté qui m'a dérangé.

CAROLINE, *croyant que Blondel est sorti par le fond, se lève et entr'ouvre avec précaution les deux portes de gauche.*

Je voudrais bien voir sa filleule... Elle n'est pas là..., ni là... Elle est peut-être dans cette pièce... (*Elle entr'ouvre la porte du cabinet.*)

BLONDEL, *criant.*

Eh ! n'entrez pas !...

CAROLINE, *descendant la scène.*

Quelle horreur ! Ah ! Anatole, tu mets à de cruelles

épreuves ma jalousie!.. Il n'y a plus à en douter, c'est pour la filleule du propriétaire que vient ici Anatole.

BLONDEL, *entrant.*

Veuillez, madame, excuser mon absence. Il y a des moments où l'on n'est pas maître de soi.

CAROLINE, *après un soupir.*

Hélas, oui!... Nous obéissons tous à des exigences, à des besoins... Le cœur est un vrai despote!...

BLONDEL

On peut combattre sa tyrannie, tandis qu'il est impossible de lutter avec celle que je ressens... (*Lui désignant le cabinet.*) Vous pouvez, madame...

CAROLINE

Je vous remercie... (*Embarrassée.*) Je n'ai ouvert cette porte que pour... respirer l'air.

BLONDEL

Vous l'avez trouvé infect, n'est-ce pas? J'ai dit à l'ouvrier pompier de venir me débarrasser des exhalaisons dont vous avez dû être frappée... Eh bien, croiriez-vous qu'au lieu de s'occuper de son travail, cet animal-là s'est mis à courtiser ma filleule, qui a maintenant une toquade pour lui.

CAROLINE

Qui sait si elle n'aime que l'ouvrier pompier?

BLONDEL

Ce doute est peu flatteur pour ma filleule. Madame ne m'a point encore dit ce qui me vaut sa visite? (*Lui montrant un siége.*)

CAROLINE, *à part, s'asseyant.*

Il convient, afin de déjouer les plans d'Anatole, que j'habite cette maison. (*Haut.*) A quel prix me laisserez-vous le troisième étage que vous avez à louer?

BLONDEL, *s'asseyant.*

Cinq cents francs par an.

CAROLINE

C'est cher. (*Lui tapant sur les joues.*) Vous me ferez bien un petit rabais.

BLONDEL, *à part.*

Cette femme-là m'inspire une médiocre confiance. (*Haut.*) Je n'aime pas à faire marchander.

CAROLINE

C'est aussi mon système. (*Lui passant la main sous le menton.*) Allons, un tout petit rabais... Sachez que je n'oublie pas les bontés que l'on a pour moi. Je trouverai l'occasion de vous en récompenser.

BLONDEL, *à part, en se grattant le nez.*

Elle a vu le loup de près, cette gaillarde-là! (*Haut.*) Je vous l'ai dit, c'est cinq cents francs.

CAROLINE, *minaudant.*

Que vous êtes méchant!... J'accepte votre prix, puisqu'il le faut... Seulement, vous aurez l'obligeance de me faire un reçu de mille francs pour les cinq cents francs que je vous compterai.

BLONDEL

Et pour quel motif?

CAROLINE

Le prix de mon loyer m'est payé par une personne qui

s'est intéressée à ma jeunesse. J'étais alors si gentille, si bien tournée, trop bien tournée pour mon malheur.

BLONDEL

Ce sont généralement les femmes bien tournées (*à part*) qui tournent mal.

CAROLINE

Je lui dois mon aisance. Elle m'a protégée et me protége encore. Aussi, je ne saurais trop lui témoigner ma gratitude.

BLONDEL

Vous lui en donnez une nouvelle preuve, en lui faisant payer le double de votre loyer.

CAROLINE

Je vois, cher monsieur, que vous ne comprenez rien aux choses du cœur.

BLONDEL

Eh! le cœur, le cœur, n'a rien à voir là dedans!... Comment se nomme madame?

CAROLINE

Madame Caroline.

BLONDEL

Caroline, tout court? (*A part.*) Oh! que ça me sent mauvais!... (*Haut.*) Quelle est votre profession, modiste, sans doute?

CAROLINE

Moi, modiste, fi donc!... Je suis rentière.

BLONDEL, *à part.*

Autrefois, ces dames-là se disaient modistes, elles sont rentières à présent. (*Haut.*) Et vous ne recevez que la personne qui vous protége?

CAROLINE

Je reçois une autre personne... un jeune homme...

BLONDEL, *à part.*

Celui-là doit être son monsieur Alphonse.

CAROLINE

Il est dans la finance... Il est chargé des encaissements de votre quartier. (*L'observant.*) Vous devez le connaître.

BLONDEL

De vue, c'est possible... Et vous ne recevez que ces deux personnes : le vieux et le jeune?

CAROLINE

Oui, régulièrement... J'ai maintenant d'autres visites, des amis qui viennent me voir de temps en temps ; mais avec ceux-là, c'est en tout bien tout honneur.

BLONDEL, *à part.*

En tout bien tout honneur... (*Haut.*) Je dois vous prévenir que je ne loue jamais sans prendre des informations...

CAROLINE, *se levant.*

C'est votre droit... Je ne puis, du reste, rien terminer sans avoir vu l'appartement ; s'il me convient, vous prendrez alors (*appuyant*) des informations sur ma moralité et ma solvabilité.

BLONDEL, *se levant.*

La disposition du troisième est conforme à celle de l'étage que j'occupe.

CAROLINE

Veuillez me montrer votre logement, cela vous évitera

la peine de monter. (*A part.*) De cette façon, je verrai ma rivale.

BLONDEL, *montrant le salon.*

Voici le salon avec sa cheminée ; là (*à droite*), c'est le cabinet...

CAROLINE

Les eaux et les lieux fonctionnent-ils bien... J'y tiens beaucoup.

BLONDEL

Et moi beaucoup plus que vous, comme propriétaire... Tout est ici dans d'excellentes conditions... (*Ouvrant la 1re porte à gauche.*) Commençons par entrer dans la chambre, et de là nous passerons dans les autres pièces. (*Ils sortent.*)

SCÈNE VIII.

GAUDENTIE, *portant une tasse de thé*, puis ANATOLE.

GAUDENTIE

Où va donc mon parrain avec cette dame ?... (*Les regardant.*) Il lui fait visiter notre appartement... Allons remettre cette tasse près du foyer. (*Elle sort.*)

ANATOLE, *entrant.*

Personne !... Ah ! voici ma future !... (*Il se découvre en voyant rentrer Gaudentie, et jette son chapeau sur une chaise.*) Eh bien ! ma toute belle, avez-vous prévenu votre parrain de ma visite ?...

GAUDENTIE

Je n'ai pas encore eu l'occasion de la lui annoncer. Il est là avec une dame (*regardant par la 2me porte à gauche*) à qui il montre la cuisine... Ils reviennent ici.

ANATOLE, *apercevant Caroline.*

Que vois-je?... Elle!...

GAUDENTIE

Qui elle?

ANATOLE

L'ex-danseuse... La dame dont je vous ai parlé... Où me réfugier!... Il ne faut pas qu'elle me voie (*il se cache derrière Gaudentie*), autrement elle va faire une scène qui m'aliènerait l'esprit de votre parrain... J'entends mon crampon, sauvons-nous...

GAUDENTIE

Mais où allez-vous?...

ANATOLE, *courant au cabinet et tirant la porte sur lui.*

Silence!...

GAUDENTIE, *riant.*

Ma foi, tant pis pour lui... Dans sa fuite précipitée, il a oublié son chapeau... Cachons-le vite là-dessous. (*Sous la robe de chambre.*)

SCÈNE IX.

LES PRÉCÉDENTS, BLONDEL, CAROLINE.

CAROLINE, *regardant Gaudentie.*

La distribution de votre appartement me plaît. Je reviendrai pour traiter d'une manière définitive. (*A part.*) Elle n'est pas trop mal la petite; l'air un peu niais... Ah! monstre d'Anatole!... (*Haut, en saluant.*) Mademoiselle et monsieur, au revoir.

BLONDEL

Madame, je vous salue. (*Elle sort.*) Cette femme-là est tout bonnement une cocotte de la pire espèce... Je puis louer ses charmes; mais, à coup sûr, je ne lui louerai pas mon troisième étage.

GAUDENTIE

Je vous ai apporté une tasse de thé, pendant que vous causiez avec cette dame. Dans la crainte d'interrompre votre conversation, je l'ai remis près du feu.

BLONDEL

J'ai toujours des tranchées... Tu me rapporteras le thé dans un instant. En attendant (*il ôte son paletot et son chapeau*), débarrasse-moi de tout cela. (*Elle sort en emportant le chapeau et le paletot.*)

SCÈNE X.

BLONDEL, ANATOLE, *dans le cabinet.*

BLONDEL

J'aurais dû, étant indisposé, rester chez moi... Le temps est froid, et il fait un brouillard si épais que, — cela paraîtra incroyable — je ne pouvais plus trouver mon nez pour me moucher... Passons notre robe de chambre... (*Prenant le chapeau.*) Que fait là ce chapeau?

ANATOLE, *entr'ouvrant la porte du cabinet.*

Voici le moment de me présenter; mais il me faudrait mon couvre-chef.

BLONDEL, *tenant le chapeau.*

Qui diable a laissé cette porte ouverte?... (*Il va fermer la porte du cabinet.*) Ce chapeau me va par la tête!... Il sent la poudre, le laurier, la victoire; et mon nez ne me trompe pas... C'est un général qui l'aura oublié... Mais ce général, que serait-il venu faire chez moi... Il y a là un mystère!... Je n'ai jamais fréquenté des chefs de corps d'armée, puisque j'ai été exempté du service, moi qui ai toujours eu des goûts belliqueux... Qui croirait que c'est mon appendice nasal qui m'a privé d'avoir une page dans les fastes de l'histoire!... Devant le conseil de révision, un sergent déclara que mon pif — c'est ainsi qu'il l'appela — pourrait, par sa dimension, nuire à l'alignement. Le chirurgien-major fit mieux, il affirma qu'en me nourrissant de pain de munition, mon corps finirait par être absorbé par mon nez.. (*Il se coiffe du chapeau.*) Je dois avoir l'air d'un foudre de guerre!... Oh! commander à une armée, que c'est beau!... (*Se mettant à cheval sur une chaise.*) Être à cheval et s'écrier : « Soldats, l'ennemi est là!... »

ANATOLE, *entr'ouvrant doucement la porte et à part.*

C'est à n'y pas tenir ; je m'asphyxie...

BLONDEL

Sacrebleu! cette porte ne peut donc pas rester fermée! (*Il va vivement la fermer, puis se remet à cheval en s'écriant :* « Soldats, l'ennemi est là!... Il faut vaincre ou mourir!... » (*Comme s'il prenait le galop.*) Hop! Hop!...

SCÈNE XI.

LES PRÉCÉDENTS, GAUDENTIE, *portant le thé.*

GAUDENTIE, *à part, en riant.*

Mon parrain qui joue au soldat comme les enfants... (*Haut.*) Voici le thé.

BLONDEL

On ne boit pas sous les armes... Vois-tu, l'ennemi

marche ; mais je l'attends... Dans une heure, il sera anéanti. (*Criant.*) « Soldats, vos derrières sont assurés !... Courage et en avant !... Rappelez-vous que la patrie vous regarde et que demain elle inscrira vos noms dans ses glorieuses annales !... »

GAUDENTIE, *à part, en haussant les épaules.*

Et dire que c'est avec de telles paroles que les conquérants font s'entr'égorger des millions d'hommes. (*On joue dans la coulisse de droite l'air du refrain du chant des Girondins.*)

BLONDEL

Oui, soldats (*chantant*) :
    Mourir pour la patrie.
C'est le sort le plus beau, le plus digne d'envie !
Hop ! hop !...

GAUDENTIE, *à part, en regardant le panier que l'on a fait descendre dans la cheminée.*

Voici le panier... Casimir, ne recevant pas de réponse à son signal, va descendre. Que faire pour lui dire d'attendre un moment plus opportun ? Mon parrain est dans un état qui m'inspire des craintes... Comment accueillera-t-il la demande de Casimir ?... (*Haut.*) Mon parrain seriez-vous malade ?...

BLONDEL

Quand la patrie est en danger, il n'y a que les lâches qui sont malades. (*On rejoue le même air dans la coulisse, puis on fait remonter le panier.*) Hop !... hop !...

GAUDENTIE, *à part, en regardant la cheminée.*

Je ne vois plus le panier... Casimir ne tardera pas à

venir... (*Haut, en présentant le thé.*) Mon parrain, buvez ; cela vous calmera.

BLONDEL

Je suis au milieu du carnage, je vois couler le sang de mes braves soldats, et tu veux que je me calme ? (*Gaudentie met le thé sur la cheminée.*)

ANATOLE, *bas, en entr'ouvrant la porte.*

Mademoiselle, pourriez-vous me faire passer mon chapeau ?

GAUDENTIE, *bas, en l'enfermant.*

Malheureux, vous allez me compromettre !...

BLONDEL, *il regarde comme s'il avait une lorgnette.*

Mon centre faiblit... Il bat en retraite... (*Imitant le son du clairon.*) Tra tra tra !... Voilà un régiment de cuirassiers qui vole à son secours... L'ennemi recule... Bravo !... Nous sommes vainqueurs !...

ANATOLE, *entr'ouvrant la porte et à part.*

Je ne puis plus y résister... J'étouffe... (*Il tire vivement la porte sur lui en apercevant Casimir.*) Bon !... voilà maintenant le pompier !...

SCÈNE XII.

LES PRÉCÉDENTS, CASIMIR.

CASIMIR, *il s'arrête en voyant Blondel, et bas.*

Gaudentie, votre parrain serait-il fou ?...

BLONDEL

Honneur aux cuirassiers !... (*Apercevant Casimir.*) D'où vient ce brave ? O France, grande et superbe nation, on dirait qu'il n'y a qu'à faire un appel à ton patriotisme, pour le voir enfanter des héros!... (*Il se lève en se coiffant à la Bonaparte, et s'adresse à Casimir.*) « Soldats, je suis content de vous. Votre valeur sera récompensée... » Mille tonnerres, voilà que ça recommence!... (*Il court au cabinet.*)

CASIMIR

Votre parrain m'afflige.

GAUDENTIE, *troublée et, à part, en regardant le cabinet.*

S'il voit cet homme, Casimir va me croire coupable...

BLONDEL, *amenant vivement Anatole.*

Eh bien! avez-vous découvert d'où proviennent les émanations?...

ANATOLE, *embarrassé.*

Je les ai senties, mais je n'ai rien découvert.

BLONDEL

Alors que faisiez-vous là?...

ANATOLE, *même jeu.*

J'attendais... Je cherchais.

BLONDEL

Croyez-vous qu'elles soient le résultat d'une fuite de gaz, comme le prétend ma filleule?...

ANATOLE

Cela se pourrait.

BLONDEL, *bas.*

Ne les attribueriez-vous pas plutôt à une autre cause?...

ANATOLE

Je ne saurais vous le dire.

BLONDEL

Vous me faites l'effet d'un drôle d'ouvrier pompier!...

(*Le contrefaisant.*) « Cela se pourrait... Je ne saurais vous le dire..., » me répondez-vous. Vous ne connaissez donc pas votre métier?

ANATOLE

Mais je n'exerce pas cette profession, moi!

BLONDEL, *après réflexion et à part.*

Ah! j'y suis... C'est l'amoureux de Gaudentie!... (*Haut.*) Vous vous êtes introduit chez moi, sous le prétexte d'y faire des réparations, tandis que ce n'a été que dans le but de suborner ma filleule!... Vous êtes un... pas grand'chose... Voilà mon opinion et je la partage...

CASIMIR, *à Gaudentie.*

Serait-ce vrai?...

ANATOLE

Pas grand'chose, moi?... Veuillez retirer ce mot.

BLONDEL

Je n'ai pas l'habitude de reprendre ce que je donne... Sachez, monsieur, que j'y vois plus loin que mon nez... C'est vous dire que je ne suis point myope.

GAUDENTIE, *elle va se placer entre Blondel et Anatole.*

Mon parrain, vous êtes dans l'erreur... Monsieur s'est présenté...

BLONDEL

Ne cherchez pas à le disculper.

ANATOLE

Je suis un honnête homme. Depuis dix ans, j'appartiens au Comptoir Forestier, une de nos premières sociétés financières...

BLONDEL

Dites plutôt finassières.

ANATOLE
Qui a toujours pris les intérêts de ses clients.
BLONDEL
Et quelquefois leur capital. J'ai souscrit dans votre maison à l'emprunt de Souktampoul, une excellente valeur, d'après vos affiches... Eh bien! monsieur, j'ai touché un seul coupon de quinze francs et j'ai perdu tout le reste... Depuis lors, j'ai compris qu'en fait de valeur (*fièrement*), la meilleure est encore la mienne.
ANATOLE
Ce sont là des malheurs.
BLONDEL
Qui ruinent les souscripteurs, enrichissent les emprunteurs et engraissent les administrateurs de votre (*appuyant*) honorable société financière... Enfin, monsieur, j'attends vos explications au sujet de votre présence chez moi.
ANATOLE
Voici l'exacte vérité... Attiré par les charmes de mademoiselle votre filleule et les avantages que votre mort lui assurera...
CASIMIR, *à part.*
Ah! c'est un rival!
BLONDEL
Cela s'appelle parler franchement. O homme de finance, vous escomptez déjà mon héritage!...
ANATOLE
Le mariage est un acte sérieux pour lequel on ne saurait prendre trop de précautions... Je dis donc qu'attiré par les charmes de votre filleule...

GAUDENTIE, *avec intention.*

Et par les avantages que votre mort m'assurera...

ANATOLE

J'étais venu lui faire l'aveu de mon amour...

CASIMIR, *se contenant.*

Que mademoiselle partageait sans doute?...

ANATOLE

Elle n'attendait pour se prononcer que le consentement de son parrain.

CASIMIR, *colère.*

Eh quoi! mademoiselle (*bas*), vous me trompiez ainsi?

BLONDEL

Silence dans les rangs!... Gaudentie, expliquez-vous?

GAUDENTIE

J'ai dit à monsieur que ma main était promise.

BLONDEL, *bas.*

Si ce n'est pas à lui, à qui donc l'as-tu promise?... Je donnerais les deux yeux qui me restent pour le savoir...

GAUDENTIE

Vous vous êtes fâché tout rouge, quand j'ai voulu tantôt vous confier ce secret.

BLONDEL

Oui, oui, je me souviens... (*Bas.*) Tu m'as parlé du pompier; mais puisqu'il est dans la finance, il n'est donc pas pompier... (*Haut.*) Je m'y perds... Le pâté de

Blanchard aurait-il amoindri la subtilité de mon flair?...
(*Se touchant le nez.*) Mon cartilage n'a pourtant pas diminué!... Alors, monsieur, vous aimez sérieusement ma filleule?...

SCÈNE XIII.

LES PRÉCÉDENTS, CAROLINE *entrant sans bruit et écoutant.*

ANATOLE

Le plus beau jour de ma vie sera celui où je pourrai lui dire (*se jetant à ses genoux*) : Gaudentie, tu es la seule femme que j'aie aimée et que j'aimerai!... (*Colère de Casimir.*)

CAROLINE, *se précipitant sur Anatole.*

Ah! je te pince à la fin; mais, cette fois, tu me le paieras!... Traître, qui me disais encore ce matin : « Caroline, il n'y a que la mort qui pourra me séparer de toi... » Oh! je voudrais te broyer sous mes brodequins!...

CASIMIR, *dégageant Anatole et avec dignité.*

Madame, pas de voies de fait... Je prends monsieur sous ma protection...

GAUDENTIE

Monsieur Casimir, c'est bien ce que vous faites là.

BLONDEL, *retenant Caroline.*

De grâce, madame, ne rendez pas cette jeune fille témoin de vos discussions. (*A Casimir.*) Sergent, emparez-vous de ce prisonnier et conduisez-le (*désignant la 1re porte à gauche*) au quartier général... Non, je veux dire dans ma chambre... Vous m'en répondez sur votre tête... Gaudentie, va à ta cuisine.

SCÈNE XIV.

BLONDEL, CAROLINE, *qu'il tient par la taille.*

CAROLINE

Je vais avoir une attaque de nerfs... Elle couve... Que je suis mal!... que je suis mal!...

BLONDEL, *la faisant asseoir.*

Vous, mal?... Vous êtes au contraire ravissante!... Faut-il qu'un homme soit canaille pour faire de la peine à une créature aussi adorable que vous!... (*Surpris et à part.*) Tiens!... c'est la cocotte qui veut louer mon troisième étage!...

CAROLINE, *simulant une attaque de nerfs.*

Je me meurs!...

BLONDEL, *à part.*

Tu te meurs... Bah! bah!... nous connaissons ces comédies-là. (*La regardant de près.*) Elle est encore appétissante, madame Caroline!... (*Haut.*) Allons, revenez à vous, ma belle enfant!...

CAROLINE, *l'embrassant.*

Oh! Anatole, que tu me fais souffrir!... Malgré tes perfidies, je t'aimerai toujours.

BLONDEL

Vous m'étouffez, madame!...

CAROLINE

Ce n'est pas de l'amour que j'ai pour toi, c'est de la frénésie, c'est de la rage... (*Elle l'embrasse.*) Je te dévorerais, si je le pouvais!...

BLONDEL, *se dégageant.*

Mais je ne suis pas Anatole, je m'appelle Valentin.

CAROLINE

Valentin... Quel joli nom !... J'ai aimé un Valentin, serait-ce vous par hasard ?...

BLONDEL

Je ne crois pas avoir eu ce bonheur-là... (*A part.*) Quelle luronne ! elle ne se souvient plus des gens qu'elle a aimés !...

CAROLINE

O mon chéri, viens (*l'embrassant*), viens dans mes bras !...

BLONDEL, *se dégageant.*

Saperlotte !... je vous répète que vous m'étouffez...

CAROLINE, *elle revient peu à peu à elle, et se levant.*

Je vous demande mille pardons de vous avoir pris pour Anatole et de vous avoir donné des témoignages du trop vif attachement que j'ai pour lui.

BLONDEL

C'est une erreur que j'aurais été très heureux de voir se prolonger. (*A part.*) Il faut toujours flatter les femmes.

CAROLINE

Vous êtes galant, Valentin.

BLONDEL

Seulement, vous m'avez pressé, serré avec une force... (*Se frottant le nez.*)

CAROLINE

Je suis très ardente, moi. Et vous, Valentin, êtes-vous ardent ?...

BLONDEL

Quand j'aimais, j'étais aussi tout feu et flamme...

CAROLINE

Vous n'aimez plus?...

BLONDEL

Hélas! non, depuis que j'ai perdu ma pauvre femme.

CAROLINE, *lui tapant sur le ventre.*

As-tu fini tes manières!...

BLONDEL, *surpris.*

Madame!...

CAROLINE

Il ne vous est pas arrivé de donner de petits coups de canif au contrat?...

BLONDEL

Mon cœur a pu papillonner dans la journée auprès des belles; mais, le soir, je l'ai toujours rapporté à ma femme.

CAROLINE

Et vous n'avez jamais songé à la remplacer devant monsieur le maire ou... autrement?...

BLONDEL

Cette question, madame...

CAROLINE

Est un peu indiscrète, je l'avoue... Venez me voir; nous causerons de cela. (*Minaudant.*) J'ai un faible pour les propriétaires, parce que généralement ils sont sérieux dans leurs affections comme dans... leurs promesses.

BLONDEL, *à part.*

Tu veux me plumer... Mon nez ne s'y laissera pas prendre.

CAROLINE

Je suis sûre qu'auprès de moi, vous finiriez (*riant*) par oublier votre pauvre femme.

BLONDEL, *à part.*

Tout à l'heure elle se mourait, elle rit à présent. (*Haut.*) L'émotion que vous avez éprouvée a dû vous fatiguer (*lui présentant la tasse de thé*), voilà qui vous remettra tout-à-fait... Il y a dans cette infusion (*avec intention*) de la fleur d'oranger...

CAROLINE, *riant.*

L'emblème de la candeur et de l'innocence... En voilà des bêtises!... (*Elle boit.*)

BLONDEL

Vous appelez des bêtises les choses les plus respectables, les plus...

CAROLINE, *lui tapant sur le ventre.*

Allons donc, vieux farceur!...

BLONDEL, *à part.*

Cette femme-là est d'une familiarité révoltante!... (*Haut, en déposant la tasse sur la cheminée.*) Puisque vous êtes plus raisonnable, je vais appeler Anatole. Recevez-le gentiment... Pas de nouvelles scènes, je vous en prie.

CAROLINE

Je vous promets d'être sage... Voyez-vous, Valentin,

quoique nous leur soyons infidèles, nous ne tenons jamais autant à nos amants que lorsqu'ils veulent nous quitter.

BLONDEL

Parce que, d'après mon flair, c'est votre amour-propre qui en souffre et non votre propre amour. (*Il va, en criant, vers la 1re porte, puis vers la 2me.*) Sergent, ramenez le prisonnier!... Gaudentio, tu peux rentrer!...

SCÈNE XV.

LES PRÉCÉDENTS, CASIMIR, ANATOLE, GAUDENTIO.

BLONDEL, *à Anatole.*

Grâce à mon intervention, la paix est conclue entre madame et vous. (*A part.*) Ça le vexe, tant mieux... (*Haut.*) Et vous ne me remerciez pas, monsieur Anatole?

CAROLINE, *embrassant Anatole.*

Je te pardonne, ingrat!...

ANATOLE, *à part.*

Je suis donc condamné à vivre avec ce crampon... Oh! je m'en débarrasserai, dussé-je m'expatrier... (*Haut.*) Monsieur Blondel, ayez l'obligeance de me rendre mon chapeau.

BLONDEL

Quel chapeau?...

ANATOLE

Parbleu, celui dont vous vous êtes coiffé.

BLONDEL

Quoi! ce bicorne serait le vôtre? Et moi qui, d'après mon nez, m'étais figuré qu'il sentait la poudre, le laurier!... Tandis qu'il sent la pièce de cent sous...

CAROLINE

L'argent n'a pas d'odeur.

CASIMIR

C'est selon comme on le gagne.

BLONDEL, *à part.*

Bigre!... le sapeur est cassant, tranchant avec les cocottes!... (*Haut, en tenant le chapeau*). Ce chapeau m'avait inspiré des idées martiales... Voilà une chose que je défendrais, si j'étais le Gouvernement!... N'est-ce pas une ironie pour l'armée, de voir des garçons de recette, des cochers de corbillard, des domestiques de grande maison, des suisses d'église, porter une coiffure militaire?... (*Il rend le chapeau.*)

ANATOLE, *se coiffant.*

La finance seule devrait être assimilée à l'armée; elle est pour elle un auxiliaire précieux, puisque l'argent est le nerf de la guerre.

CASIMIR

Que vous prêtez à un taux qui varie suivant les circonstances : cinq pour cent après la victoire, — sept ou huit après la défaite...

ANATOLE

Le capital est peureux.

BLONDEL

Renoncez alors à la coiffure militaire et remplacez-la par un bonnet de coton.

GAUDENTIE, *bas à Casimir.*

Voici le moment de faire votre demande.

CASIMIR, *saluant militairement.*

Monsieur Blondel, j'ai... (*On frappe à la porte.*)

GAUDENTIE, *allant ouvrir.*

Entrez.

SCÈNE XVI.

LES PRÉCÉDENTS, UN OUVRIER pompier, *muni de ses outils.*

L'OUVRIER

Pardon, excuse à la compagnie... C'est-il pas ici que reste m'sieur... (*cherchant à se souvenir*) un m'sieur qui a un *piton*, mais un *piton?*...

BLONDEL

Un *piton!*... Qu'est-ce à dire, malhonnête?... Sachez que mon nez ne se laissera jamais marcher sur le pied.

L'OUVRIER

Mille noms d'un tuyau de poêle, comme vous tenez à votre nez!...

BLONDEL

Parbleu!.. il y a si longtemps que nous vivons ensemble...

L'OUVRIER

Faut dire aussi qu'on est bien obligé d'y tenir, puisqu'on n'en a qu'un...

BLONDEL, *impatienté.*

Je me nomme Blondel; que désirez-vous?...

L'OUVRIER

Blondel, oui, c'est bien Blondel que le patron y m'a dit. Je viens pour réparer, sauf votre respect...

BLONDEL

Ah! c'est vous qui êtes l'ouvrier pompier? (*Désignant*

le cabinet.) Entrez là… (*L'ouvrier sort.*) Eh bien! ma chère Gaudentie, il faut convenir que tu as bon goût!… (*Ironiquement.*) Il est gentil, il a l'air distingué, ton prétendu!… Oui, messieurs, l'ouvrier qui travaille là, dans ce cabinet, est l'heureux mortel que ma filleule a choisi pour époux… (*Surprise générale.*)

CAROLINE, *bas à Anatole.*

Vous aviez là un rival qui vous faisait honneur.

GAUDENTIE

Mais mon parrain (*désignant Casimir*), le voilà celui que mon cœur a choisi. (*Surprise de Blondel.*)

ANATOLE, *bas à Caroline.*

Ce rival vaut mieux… Qu'en pensez-vous?…

CASIMIR

J'allais vous faire ma demande quand l'ouvrier est entré.

BLONDEL

Tout s'explique à présent. J'avais cru que ma filleule voulait se marier avec l'ouvrier pompier… Mais du moment que c'est avec (*appuyant*) un sapeur-pompier… cela est bien différent!…

CASIMIR

Je suis sapeur-pompier par dévoûment et fabricant de pâtes d'Italie par profession.

BLONDEL

Touchez là, jeune homme (*ils se donnent une poignée de main*); car je vous reconnais, malgré votre costume. Vous êtes le fils de l'un de mes bons locataires et je sais que vous êtes un honnête garçon. (*A part.*) Un sergent de sapeurs-pompiers, cela me va, moi qui suis directeur d'une compagnie d'assurances contre l'incendie!... (*Haut.*) Gaudentie, j'approuve ton choix.

(*Casimir, joyeux, vient baiser la main de Gaudentie.*)

L'OUVRIER, *rentrant.*

Mon bourgeois, faudra, pour cette réparation, vous adresser à la compagnie du gaz.

BLONDEL, *surpris.*

L'odeur proviendrait donc?...

L'OUVRIER

Et si vous en doutez (*l'attirant vers le cabinet*), venez me prouver que je me suis fourré le doigt dans l'œil.

BLONDEL, *se dégageant.*

C'est inutile... J'aime mieux le croire que d'y aller voir.

L'OUVRIER

Du reste, l'odeur est si faible, que je suis bien sûr qu'un autre nez que le vôtre ne s'en serait pas aperçu.

ANATOLE, *à part.*

Elle m'asphyxiait, moi, et cependant mon nez n'a rien d'extraordinaire.

BLONDEL

J'ai un flair comme il n'y en a point... Personne mieux que moi ne sait choisir un melon.

CAROLINE, *bas en riant.*

Valentin, je m'adresserai alors à vous, quand je voudrai me marier.

BLONDEL, *se pressant le ventre.*

Ça va mieux... Me revoilà dans mon assiette... Je me souviendrai du pâté de Blanchard... (*A Casimir et à Gaudentie.*) Mes enfants, je ne saurais trop vous recommander de vous abstenir de manger du pâté le soir de vos noces. (*En se tournant, il voit l'ouvrier.*) Vous pouvez vous retirer.

L'OUVRIER, *à part, en regardant Blondel.*

C'est égal, faut bigrement être veinard pour avoir un pif comme l'a ce particulier !... (*Haut.*) Salut à toute la compagnie !... (*Il sort.*)

SCÈNE XVII.

LES PRÉCÉDENTS, moins L'OUVRIER pompier.

BLONDEL, *à Casimir*

Jeune homme, quand vous verrez une maison assurée par la compagnie *le Pélican*, dont je suis le directeur, tâchez, en cas d'incendie, d'en restreindre au plus vite le développement.

CASIMIR

Dans l'exercice de ses fonctions, le sapeur-pompier ne connaît ni amis ni ennemis, il ne voit que des malheureux qui ont les mêmes droits à son dévoûment.

ANATOLE, *applaudissant.*

Bravo !

BLONDEL

Vivent les sapeurs-pompiers !... Quant à vous, monsieur Anatole, vous avez une charmante femme ; rendez-la heureuse. Et vous, madame (*bas*), faites en sorte de lui être fidèle.

CAROLINE, *bas*.

Valentin, ne dites donc plus des bêtises... Vous savez que je vous attends demain... J'aime tant les propriétaires !...

BLONDEL, *à part*.

La luronne me fait de l'œil, parce que j'ai une maison... Elle voudrait me la grignoter; mais mon nez y voit clair. (*Haut à Casimir.*) Vous, du moins, en épousant ma filleule, vous n'envisagez pas, comme monsieur le financier, les avantages que ma mort pourra assurer à votre femme ?...

CASIMIR

J'y verrai au contraire la perte d'un excellent homme (*lui prenant la main*) dont je veux obtenir et conserver l'amitié.

GAUDENTIE

Et votre filleule (*se jetant au cou de Blondel*), la perte d'un bienfaiteur !...

BLONDEL

Mes enfants, vous m'avez ému; mon nez est inondé de larmes.

AIR : *S'il est z'un homme*, etc... (*Le Joli Sapeur.*)

Je suis touché des marques de tendresse
Qu'en ce moment vous me donnez tous deux.
Je vois en vous mon bâton de vieillesse
Et l'avenir sous un aspect heureux.
Il se pourrait qu'il survint un nuage
Sur les beaux jours que vous me destinez :
Si du public je n'ai point le suffrage,
Je n'oserai plus lui montrer... mon nez.

CASIMIR

Attention, et en chœur!... *(Comme s'il battait la mesure.)* Une, deux...

ENSEMBLE, sauf BLONDEL.

Tous d'accord,
Frappons fort,
Et que tout le monde,
A l'appel
De Blondel,
Réponde à la ronde.
Tous d'accord,
Frappons fort,
Que chacun réponde.
A l'appel
Paternel
Que nous fait Blondel.

RIDEAU

(1877)

TABLE

DU PREMIER VOLUME.

Préface....................................	5
Ce que Femme veut.........................	25
On demande un Mari.........................	45
Une fois n'est pas coutume..................	77
Deux Rentiers de la Plaine..................	103
Un Perruquier philosophe...................	161
Chasseur et Pêcheur........................	189
Un Colosse de la Foire.....................	237
Le Nez de M. Blondel.......................	289

www.ingramcontent.com/pod-product-compliance
Lightning Source LLC
Chambersburg PA
CBHW060336170426
43202CB00014B/2795